T0157835

Printed in the United States
By Bookmasters

الوجيز في
الثقافة الإسلامية

تأليف

الدكتور ياسر عبدالكريم الحوراني
جامعة الباحة
المملكة العربية السعودية

الطبعة الأولى - الإصدار الثاني

1428هـ - 2007م

المملكة الأردنية الهاشمية رقم الإيداع لدى دائرة المكتبة الوطنية (2007/7/2132)

211

الحوراني، ياسر عبد الكريم

الوجيز في الثقافة الإسلامية/ ياسر عبد الكريم الحوراني-

عمان: دار مجدلاوي 2007

( ) ص.

ر.أ: (2007/7/2132)

الواصفات: / الثقافة الإسلامية// الإسلام/

* أعدت دائرة المكتبة الوطنية بيانات الفهرسة والتصنيف الأولية

ISBN 978-9957-02-303-4(ردمك)

Dar Majdalawi Pub.& Dis.

Telefax: 5349497 - 5349499

P.O.Box: 1758 Code 11941

Amman- Jordan

دار مجدلاوي للنشر والتوزيع

تليفاكس : ٥٣٤٩٤٩٧ - ٥٣٤٩٤٩٩

ص . ب ١٧٥٨ الرمز ١١٩٤١

عمان - الاردن

www.majdalawibooks.com

E-mail: customer@majdalawibooks.com

المحتويات

٣

الفصل الرابع
النظام الأخلاقي في الإسلام

الفصل الخامس
النظام الاقتصادي في الإسلام

الفصل السادس
فقه الحرمات في الإسلام

المقدمة

تحتل الثقافة الإسلامية مكانة متميزة في الفكر الإسلامي. وبسبب تطور المجتمع الإسلامي واتساع رقعة العلاقات بين الأفراد تزداد أهمية الثقافة الإسلامية وخصوصاً في مجال تعزيز العقيدة والعبادة والأخلاق، وفي هذا الجانب تظهر الحاجة إلى التصدي لبعض المفاهيم الدخيلة على المجتمع، وربما يتضح ذلك من خلال المصنفات الكثيرة التي تم تصنيفها في مجال الثقافة الإسلامية.

جاء هذا الكتاب ثمرة جهد وعمل أكاديمي قام من خلاله المؤلف بتدريس مقرر الثقافة الإسلامية في بعض الجامعات انتهت بجامعة أم القرى (فرع الباحة) والتي تحولت فيما بعد إلى جامعة الباحة، وبسبب ذلك استفاد المؤلف من مقرر الثقافة الإسلامية (المستوى الأول) لجامعة أم القرى والذي صنفه الشيخ عبدا لرحمن حسن حبنكه والشيخ محمد الغزالي، وهو من المصنفات القديمة التي تمتاز بالعمق والاستدلال المنطقي لجميع قضايا البحث المطروحة.

ومن هنا جاء هذا الكتاب وجيزاً في موضوعاته وسهلاً في منهجيته ومعالجته للقضايا المطروحة مما يناسب مستويات الطلبة والقراء بوجه عام.

وقد اشتمل الكتاب على ستة فصول:

تناول **الفصل الأول** مفهوم الثقافة الإسلامية ومصادرها وخصائصها. أما **الفصل الثاني** فتركز بصفة إجمالية حول الأصول الإعتقادية. وجاء **الفصل الثالث** شارحاً لأهم قضايا العبادة ومنها خصائص العبادة ومجالاتها وآثارها وأسباب ضعفها.

وتمحور **الفصل الرابع** حول بيان نظام الأخلاق في الإسلام وطبيعة الأسس التي يقوم عليها والخصائص التي يتميز بها إضافة إلى تقديم بعض النماذج من القيم الأخلاقية المحمودة.

وقد عالج **الفصل الخامس** موضوع علاقة الإسلام بالاقتصاد مبيناً أهم معطيات هذه العلاقة من خلال إبراز موقف الإسلام من العمل والملكية.

وأما **الفصل السادس** فقد تناول موضوع فقه الحرمات من خلال التركيز على بعض المفاهيم التي تتعلق به والتي لا تخرج عن طبيعة الآداب التي أوصى بها الشرع الإسلامي مثل حقوق الجوار وآداب الاستئذان.

الفصل الأول

مفهوم الثقافة الإسلامية ومصادرهـــا وخصائصها

وفيـه ثلاثـة مبـاحـث:

المبحث الأول: مفهـوم الثقافـة الإسلاميـة

المبحث الثاني: مصادر الثقافة الإسلاميـة

المبحث الثالث: خصائص الثقافة الإسلامية

الفصل الأول
مفهوم الثقافة الإسلامية
ومصادرهــــا وخصائصها

تتميز الثقافة الإسلامية بمفهوم اصطلاحي محدد يخالف الثقافات الأخرى، ويتشكل هذا المفهـوم مـن خـلال قواعـد ومخرجـات خاصـة تشـكل بمجموعهـا مصـادر الشـريـعة الإسلامية. كما أن هذا المفهوم ينطوي على وجـود خصائص ومميـزات مبثوثـة في تعـاليم الإسلام وأحكامه المختلفة دون غيرها، ويتناول هذا الفصل تلك الجوانب المرتبطة بمفهوم الثقافة في ثلاثة مباحث.

المبحث الأول

مفهوم الثقافة الإسلامية

يقع مفهوم الثقافة الإسلامية بـين معنيين؛ المعنـى اللغـوي والمعنـى الاصطلاحي، ويتضمن كل من المعنيين دلالات مختلفة في تحديد المفهوم بحيث تعطي بصورتها العامة المفهوم الإجمالي للثقافة.

المعنى اللغوي للثقافة:

يقال رجل ثقف لقف إذا كان جيد الحذر في القتـال، ويقـال هـو سريع الطعـن[1]، ويقال هو سريع الوجود لما يطلبه[2]، أو محكما لما يتناوله مـن الأمـور[3]، ورجـل ثقـف أي حاذق فاهم، وثقفت الشيء إذا ظفرت به، وثقفته ثقفا صادفته[4].

فالمعنى اللغوي للثقافة يحتمل أكثر من دلالة:

١. **السرعة**، وتشمل السرعة في تحقيق المطلوب والحركة في النزال والاستيعاب في التعلم.

٢. **الحذق والفطنة**، وفي حديث الهجرة "يبيت عندهما عبد الـله بن أبي بكر وهو غـلام شاب ثقف لقن فيدلج من عندهما بسحر"[5]، وقوله ثقف:

---

(١) مجمع الأمثال، ١٥٨/١.

(٢) تفسير القرطبي، ٣٠/٨.

(٣) تفسير القرطبي، ٣٥١/٢.

(٤) لسان العرب، باب الفاء، فصل الثاء.

(٥) صحيح البخاري، ١٤١٩/٣، رقم الحديث: ٣٦٩٢. ٢١٨٧/٥، رقم الحديث: ٥٤٧٠.

أي الحاذق الفطن[١]، والثقافة هي الحذاقة والفطنة[٢]، والثقف مصدر الثقافة[٣].

٣. الظفر بالشيء والإمساك به، ومنه قوله تعالى﴿ فَإِمَّا تَثْقَفَنَّهُمْ فِي ٱلْحَرْبِ فَشَرِّدْ بِهِم مَّنْ خَلْفَهُمْ لَعَلَّهُمْ يَذَّكَّرُونَ ﴾ (الأنفال، ٥٧).

٤. المصادفة، ومنه قوله تعالى: ﴿ وَٱقْتُلُوهُمْ حَيْثُ ثَقِفْتُمُوهُمْ ﴾ (البقرة، ١٩١).

٥. العمل بالسيف[٤].

المعنى الاصطلاحي للثقافة:

إن تعريف الثقافة اصطلاحيا ما زال يختلف بين معان عديدة، بالرغم من وجود جهود كبيرة ومحاولات عديدة قام بها العلماء للوصول إلى تعريف محدد[٥]. ومن التعاريف الاصطلاحية للثقافة:

- الثقافة هي كل ما أضافه الإنسان إلى الطبيعة. وهذا التعريف عام مستمد من الإنثربولوجيا الثقافية.

- الثقافة هي آفاق ومستويات تتعلق بالفكر والسلوك والنظم والعلائق الإنسانية. وهذا التعريف أيضا عام لا يضم الدلالات التي يشملها المعنى اللغوي.

---

(١) فتح الباري، ٧/ ٢٣٧.
(٢) الرياض النضرة، ٢/ ١٧٠.
(٣) كتاب العين، باب القاف والثاء والفاء معهما.
(٤) لسان العرب، باب الفاء، فصل الثاء.
(٥) انظر: المؤتمر العالمي الأول للثقافة الذي عقد في البندقية عام ١٩٧٠، والمؤتمر العالمي الثاني للسياسات الثقافية الذي عقد في المكسيك عام ١٩٨٢.

وأما تعريف الثقافة الإسلامية فيمكن توضيحه بتعريفين:

الأول: الثقافة الإسلامية هي مجموعة المعارف والتصورات والعلوم النظرية في إطار موقف الإسلام الشامل من الكون والإنسان والحياة.

الثاني: معرفة مقومات الأمة الإسلامية العامة، بتفاعلاتها في الماضي والحاضر من دين ولغة وتاريخ وحضارة وقيم وأهداف مشتركة بصورة واعية هادفة[1].

ومـن خـلال التعريـف الإجمالـي للثقافة يمكـن ملاحظـة وإيضاح بعـض الملامـح الأساسية:

١. تسـهم الثقافـة في تحديـد شخصيـة الأمـة وهويتهـا وضبط اتجـاه سـيرها في الحيـاة والمحافظـة على تراثها وحضارتها ووجودها وعقيدتها، وبالتالي فإن تهديد ثقافة الأمـة وضياعها وطمس معالمها يـؤدي إلى فقـدان الأمـة لوجودهـا وذوبانها في الثقافات الأخرى[2].

٢. تختلف الثقافة الإسلامية عن الثقافات الأخرى لأنها ربانيـة نابعـة مـن ديـن سماوي وليس من مناهج وضعية.

٣. يبدأ تكوين الثقافة مع ولادة الإنسان وتتشكل عن طريق التنشئة الاجتماعية. ومـن هنا يمكن ملاحظة أن الثقافة الإسلامية واجهت تحديات المجتمع الجاهلي وتصوراته الباطلة الذي يقوم على عبادة الآله

---

(١) أحمد نوفل وآخرون، في الثقافة الإسلامية، ص ٩.

(٢) عمر عودة الخطيب، لمحات في الثقافة الإسلامية، ص ١١- ١٣.

والالتزام بالموروث الجاهلي ضمن تقاليد ومعتقدات الآباء والأجداد. وقد صرح القرآن في مواضع كثيرة بمعارضة الكفار لأية ثقافة جديدة تحل محل الثقافة الموروثة،

قَالَ تَعَالَى: ﴿ وَكَذَلِكَ مَآ أَرْسَلْنَا مِن قَبْلِكَ فِى قَرْيَةٍ مِّن نَّذِيرٍ إِلَّا قَالَ مُتْرَفُوهَآ إِنَّا وَجَدْنَآ ءَابَآءَنَا عَلَىٰٓ أُمَّةٍ وَإِنَّا عَلَىٰٓ ءَاثَٰرِهِم مُّقْتَدُونَ ﴾ (الزخرف، ٢٣).

٤. إن مفهوم الحذق والفطنة والذكاء الوارد في المعنى اللغوي يدل على أن الثقافة تأخذ من كل معرفة وعلم بطرف. وقد أسهم العديد من العلماء المسلمين في تدوين مصنفات جامعة للثقافة، مثل "صبح الأعشى" للقلقشندي و"نهاية الإرب" للنويري وغيرها، وتضم الثقافة في هذا المجال مجموعة كبيرة من القيم الإسلامية كالتكافل والمؤاخاة والعدالة واحترام حقوق الفئات الضعيفة.

٥. لم تتعامل المصادر التراثية الإسلامية مع مصطلح الثقافة إلا بنسبة ضئيلة[1]. والمعروف أن هذا المصطلح قد أخذ مكانه في الدراسات المعاصرة بسبب اقتباس المسلمين للعديد من المسميات التربوية الغربية.

ويمكن استجلاء مفهوم الثقافة مقارنة مع مصطلحات أخرى قريبة منه كالعلم والحضارة والمدنية، وذلك على الوجه الآتي:

---

(١) ومنها ما أورده الطبري في تاريخه عن موقعة القادسية، فقال: "فأرسل سعد إلى عاصم بن عمرو فقال يا معشر بني تميم ألستم أصحاب الإبل والخيل أما عندكم لهذه الفيلة من حيلة قالوا بلى و الله ثم نادى في رجال من قومه رماة وآخرين لهم ثقافة ..". تاريخ الطبري، ٤١٢/٢.
ومنها ما أورده الزركشي في كتابه البرهان في علوم القرآن، فقال: "وأما رسوم النظم فالحاجة إلى الثقافة والحذق فيها أكثر لأنها لجام الألفاظ وزمام المعاني". البرهان في علوم القرآن للزركشي، ١٧٥/٢.

الثقافة والعلم:

هناك فرق بأن يوصف الفرد بالعلم أو يوصف بالثقافة، بالرغم من وجود خلط لدى العامة في عدم التفريق بين العالم والمثقف. ومن أهم الفروق بين العلم والثقافة:

١. يختلف مفهوم العلم عن مفهوم الثقافة؛ فالعلم هو تلك المعرفة التي يتلقاها الفرد عن طريق الملاحظة والتجربة والاستنتاج كالعلوم التجريبية[1]، وأما الثقافة فهي منظومة اجتماعية متكاملة كما مر في تعريفها آنفا.

٢. ليس للعلم خصوصية واضحة على مستوى الأمة الواحدة، وهذا يمثل أحد الفروق الأساسية بين العلم والثقافة، ففي حين أن الثقافة لا تتجاوز في المفهوم حدود الأمة الواحدة فإن العلم يأخذ طبيعة امتدادية عابرة بين الأمم والأجناس المختلفة.

٣. كما أن هناك عملية تداخل بين العلم والثقافة من جهة علاقة الجزء بالكل، وذلك أن العلم هو جزء من ثقافة الأمة لأن ثقافة الأمة لا تعدو كونها معارف وأساليب حياة تحكمها الخبرة والتجربة الاجتماعية.

٤. لكل من الثقافة والعلم أهميته الخاصة، فثقافة الأمة هي منظومة اجتماعية للمبادئ والأفكار والقيم والأخلاق والمعتقدات التي تدين بها الأمة، وأن ضعف ارتباط الأمة بها أو انسلاخها عنها هو أحد

---

(١) محب الدين الخطيب، منهج الثقافة الإسلامية، ص ١٠.

المعاول الأساسية التي تنذر بزوال الأمة واندثارها، ومن هنا يتضح أهمية دور العلماء ورجال الإصلاح في التصدي للأفكار والعقائد الدخيلة الوافدة من الأمم الأخرى. وأما العلم فهو تراث إنساني عالمي تتبارى الأمم في محاولة تحقيق أكبر استفادة منه لأنه أساس النهضة لأية أمة، ويدل ذلك بوضوح على مدى إدراك الغرب للدور الكبير الذي قام به علماء المسلمين في مجالات العلوم المختلفة، كالطب والهندسة والجبر والرياضيات وغيرها، وقد استفاد الغرب من هذه العلوم في إنجاز نهضتهم المعاصرة وتحقيق السبق على الأمم الأخرى.

٥. تحرص الأمة على تصدير ثقافتها وعدم استيراد الثقافات الأخرى خلافا للعلم. ومن هنا يمثل كل من العلم والثقافة ساحة واسعة بين الدول تكون الغلبة فيها للأقوى، فالدول الأقوى تستقطب العلماء والمهارات العلمية النادرة في الدول الضعيفة، وفي نفس الوقت تقوم بتسويق إنتاجها في هذه الدول ضمن شروط التبعية والموالاة لها، ومن جانب آخر تركز الدول القوية على خلخلة العلاقات الثقافية للأمم الضعيفة وتحاول عن طريق الإعلام العابر للحدود أن تطبع أساليب الحياة بصور جديدة ظاهرها التقدم والحرية والرخاء وباطنها الإذلال والخضوع، ولا شك أن دور العلماء في حماية المجتمع من الانصهار في ثقافات الأمم الأخرى هو من أهم الأدوار المنوطة بهم، ولا يختلف عن دور المؤسسات الاجتماعية الأخرى، كل طرف في موقعه وعلى ثغرته.

الثقافة والحضارة والمدنية

هناك اختلافات بين العلماء في تحديد الفروق الدقيقة بين المصطلحات الثلاث، الثقافة والحضارة والمدنية، ومنهم من يرى عدم وجود أية فروق بينها.

وبوجه عام يعني مفهوم المدنية لأمة ما ذلك الجانب المادي في حياة الأمة، وواضح أن هذا المعنى مكمل لمفهوم الثقافة، فإن الثقافة تشمل كل الدلالات غير الجانب المادي، كالأفكار والمبادئ والتصورات والآداب والسلوك، أي الجانب المعنوي في حياة الأمة، ويمثل كل من الجانبين المادي والمعنوي، أو المدنية والثقافة، مصطلحا جديدا وهو الحضارة، فحضارة الأمة هي ثقافتها ومدنيتها في نفس الوقت[1].

وفي ضوء علاقة الثقافة بالحضارة والمدنية يمكن ملاحظة بعض الأمور:

١. مصطلح الثقافة أقل اتساعا من مصطلح الحضارة حيث أن الثقافة محصورة في أسلوب الحياة السائد في مجتمع ما، لأنه يدخل في العلاقات الفكرية والروحية ولا يهتم بالجوانب المادية للأمة.

٢. الثقافة هي أساس عقدي وركيزة أخلاقية تقوم عليها الحضارة، حيث أن الحضارة في ظاهرها المادي مدنية ولكن في باطنها الروحي هي ثقافة، وبسبب ذلك تنطبع حضارة للأمة بتلك الصفات الخلقية والأصول العقائدية التي هي في الأصل من إنتاج الثقافة.

---

(١) سعيد حوى، منطلقات إسلامية لحضارة عالمية جديدة، ص ٦- ٣٣.

٣. ثقافة الأمة هي أمر نسبي، وكل الثقافات السائدة لدى الأمم ما عدا الأمة الإسلامية، هي ثقافات وضعية، تقوم فيها أنماط الحياة وأساليبها على خبرة البشر ـ وتصرفاتهم واجتهاداتهم التي تصيب وتخطئ، وفي هذا الجانب تعتبر الثقافة الإسلامية كاملة من حيث تحديد العلاقات والتصورات والمبادئ لأنها ثقافة ربانية فريدة ومتميزة، وقد راعت الثقافة الإسلامية مصالح البشر وسعادتهم في الدنيا والآخرة، ووضعت الأسس الصالحة لبناء الحياة المثلى.

٤. الثقافة الإسلامية بصورتها الكاملة والتامة قادرة على بناء النموذج الحضاري للإنسانية، وبالتالي لا يتم التقدم الحضاري للأمة إلا إذا كانت ثقافتها متقدمة ووافية، أي أن المجتمع المتحضر لا يوصف بهذا الوصف ما لم يرتكز في علاقاته على ثقافة مرموقة في جانب القيم الروحية والأصول العقائدية والأخلاق والقيم إلى جانب الأساليب المتطورة.

٥. ويمكن استنتاج أن المجتمع الإسلامي الذي يطبق تعاليم الإسلام وأحكامه التشريعية ويسعى في نفس الوقت إلى مواكبة التطورات العلمية والتكنولوجية، أي الجانب المادي، هو مجتمع حضاري متقدم، لأنه يربط بين المظاهر العمرانية في المجتمع وبين أساليب الحياة السائدة فيه، وبالمقابل لا يمكن اعتبار المجتمع الغربي بأنه مجتمع متقدم حضاريا لأنه يفتقد إلى وجود علاقات وأنماط في التفكير والسلوك والعاطفة ترتكز على الدوافع الإيمانية والروحية، بالرغم من التقدم الكبير الذي حققه في مجال الحياة المادية، وإلا كيف يمكن أن يوصف الفرد بأنه متحضر ومتقدم بينما هو مسخر لخدمة الآلة، ومستعبد للمادة، يعيش لشهوات نفسه العاجلة.

المبحث الثاني

مصادر الثقافة الإسلامية

تعتمد الثقافة الإسلامية على عدة مصادر أهمها القرآن الكريم ثم السنة النبوية التي توضح مفاهيم القرآن شرحا وتفسيرا، كما أن الفقه الإسلامي يبحث في الأحكام المستنبطة من المصدرين السابقين، وتدور اجتهادات الفقهاء حول المحاور التشريعية التي تحتاج إلى المزيد من البيان مما يثري الثقافة الإسلامية بجوانب معرفية جديدة، ومثلما تعتبر اللغة الأداة التي تعبر عن الثقافة فإن التاريخ هو الوعاء الذي تشكلت فيه الثقافة.

أولا- القرآن الكريم

تتضح أهمية القرآن كمصدر أساسي للثقافة الإسلامية من عدة وجوه:

١. إن تكفل الله تعالى بحفظ القرآن من التحريف والتبديل يدل على وجود قاعدة متينة للثقافة الإسلامية.

٢. يشكل القرآن مرجعية دينية وأخلاقية وتشريعية للأمة الإسلامية.

٣. سمو القرآن وعظمته وصفائه يرفع من منزلة الثقافة الإسلامية بالمقارنة مع الثقافات الوضعية.

٤. إن الدعوة الشاملة التي يحملها القرآن للإنسانية تزيد من اتساع الثقافة الإسلامية وانتشارها بين الأمم، ومن ثم فإن الثقافة الإسلامية تعكس صورة لجانب مهم لأسلوب الحياة الذي يعيشه المسلمون في أرجاء

شتى من المعمورة، ويعني ذلك أن القرآن يزود المسلمين بثقافة مشتركة على اختلاف أجناسهم وألوانهم ولغاتهم.

٥. إن الأهداف العليا للقرآن في تحقيق مصالح العباد تؤكد دور الثقافة الإسلامية في تحقيق ورسم معالم السعادة الروحية للإنسان في حياته الدنيا والآخرة.

٦. وبسبب أن القرآن مهيمن على الكتب السماوية السابقة فإن ثقافة المسلم تسمو على ثقافة الآخرين وتهيمن عليها.

٧. نزل القرآن منجما في ثلاثة وعشرين عاما، وكان من الحكم التشريعية المترتبة على ذلك إعداد وتكوين الجماعة المسلمة وصياغتها على أسس ثقافية جديدة في مجال التربية والسلوك.

ثانيا- السنة النبوية

تتعلق السنة النبوية بأقوال الرسول صلى الله عليه وسلم وأفعاله وتقريراته، وتتميز ببعض المميزات المهمة:

١. تقوم السنة النبوية بشرح القرآن وتفسيره، وخصوصا تفسير الأمور الشرعية وبعض الأمور الغيبية، وفي الحديث «ألا وإني أوتيت القرآن ومثله معه»[١].

٢. السنة ثابتة وراسخة في أصولها وقواعدها لأنها من الله تعالى ﴿ وَمَا يَنطِقُ عَنِ ٱلْهَوَىٰٓ إِنْ هُوَ إِلَّا وَحْىٌ يُوحَىٰ ﴾ (النجم ٣-٤).

---

(١) مسند أحمد، ٤/ ١٣٠. مسند الشاميين، ٢/ ١٣٧.

٣. وجوب الانقياد والامتثال والطاعة لمقررات السنة وكل ما جاء به الرسول صلى الله عليه وسلم ، قال تعالى: ﴿وَمَا كَانَ لِمُؤْمِنٍ وَلَا مُؤْمِنَةٍ إِذَا قَضَى ٱللَّهُ وَرَسُولُهُۥٓ أَمْرًا أَن يَكُونَ لَهُمُ ٱلْخِيَرَةُ مِنْ أَمْرِهِمْ ۗ وَمَن يَعْصِ ٱللَّهَ وَرَسُولَهُۥ فَقَدْ ضَلَّ ضَلَٰلًا مُّبِينًا﴾ (الأحزاب، ٣٦)، وقال تعالى: ﴿وَمَآ ءَاتَىٰكُمُ ٱلرَّسُولُ فَخُذُوهُ وَمَا نَهَىٰكُمْ عَنْهُ فَٱنتَهُوا۟ ۚ وَٱتَّقُوا۟ ٱللَّهَ ۖ إِنَّ ٱللَّهَ شَدِيدُ ٱلْعِقَابِ﴾ (الحشر، ٧).

٤. تحدد السنة جانب ثقافة المسلم في علاقاته وسلوكه ومواقفه مع الآخرين، وترسم المنهاج الأمثل للشخصية الإسلامية ضمن أسلوب حياة فريد في معطياته وأهدافه.

٥. خضعت السنة للتحقيق والبحث فيما يسمى علم رجال الحديث، وذلك بوضع ضوابط وأسس لتقييم سند الحديث إلى جانب نقد متن الحديث، إضافة إلى مصنفات جامعة للحديث مثل صحيح البخاري وصحيح مسلم وسنن الترمذي وغيرها مما تتفاوت بينها في وضع شروط قبول الحديث أو رده ومدى صحته ونحو ذلك من الإجراءات الفنية الضابطة لدى المصنفين في هذا المجال.

ثالثا- الفقه الإسلامي:

لقد نتج عن الفتوحات الإسلامية وحركة الامتداد والاتساع في رقعة الدولة الإسلامية ظهور أوضاع ووقائع جديدة، وبدون شك أن أساليب الحياة وعلاقات المجتمع تكون مغايرة في البلدان المفتوحة، مما دفع علماء الفقه للبحث في قضايا تشريعية توازن بين ثوابت الشريعة والواقع المستجد، وهذا يعني أن الثقافة الإسلامية تنفتح عبر قضايا الاجتهاد الفقهي

نحو الاستفادة من خبرة الآخرين وتجاربهم الإنسانية بما يحقق المزيد مـن الفـرص الحقيقية التي تصقل ثقافة المسلم وشخصيته دون الإخلال بالثوابت والأصول.

رابعا- اللغة:

إن اللغة لا تنحصر في قواعد وأبنية فحسب، وإنما هـي إشعاع ثقـافي تنفـذ مـن ثناياه الروح الإنسانية إلى العالم المادي. والثقافة الإسلامية لسانه عربي نزل بـه القرآن، ﴿

إِنَّآ أَنزَلْنَهُ قُرْءَنًا عَرَبِيًّا لَّعَلَّكُمْ تَعْقِلُونَ ﴾ (يوسف،٢)، وقبل الإسلام لم تكـن العربيـة منتشرة إلا في مساحات جغرافية ضيقة أهمها بـلاد الحجـاز[1]، ويمكـن بيـان أهـم أوجـه العلاقة بين اللغة العربية والثقافة الإسلامية بالأمور التالية:

١.   اللغة العربية هي أداة التفاعل الثقافي في المجتمع الإسلامي، وتمثل في نفس الوقت أحد الأوعية الفكرية والحضارية في الإسلام لأنها لغة القرآن ولغة الرسالة.

٢.   تزيد ثقافة المسلم بقدر إحاطته باللغة العربية في مجالات أهمها الدراسات القرآنيـة والإسلامية بوجه عام.

٣.   إن علاقة اللغة العربية باللغات الأخرى تأخـذ طـابع الصـراع والمنافسـة، وقـد كانـت فتوحات اللغة العربية مساوية تماما لفتوحات البلدان، وبالتالي فإن الغلبة والسيطرة في ميادين المنافسة بين لغات الدول يؤثر

---

(١) عبد السميع محمد أحمد، المعاجم العربية: دراسة تحليلية، ص ١٠.

بشكل مباشر على مدى انتشار الثقافة الذاتية وشيوعها وانتقالها للآخرين.

٤. تختص اللغة العربية بخصائص ذاتية أهمها أنها لغة دعوة وهداية للبشرية كما أنها امتازت بغزارة مفرداتها ومرونة أساليبها وسمو منزلتها.

٥. حث الإسلام على إتقان اللغة العربية وضبطها وتذوق معانيها تحصينا للمسلم من الذوبان في الثقافات الأخرى، يقول عمر بن الخطاب: "تعلموا العربية فإنها من دينكم"، وقد أوضح ابن تيمية أن اللسان العربي هو شعار الإسلام وأهله يتميزون به عن غيرهم [١].

٦. تسهم اللغة العربية في تكوين ثقافة المسلم عبر التنشئة الاجتماعية منذ سن الطفولة، والمعروف أن اهتمام المسلمين في صدر الإسلام بهذا الجانب تركزت في بيئة أهل البادية كمدرسة تستقطب أبناء الحضر في طفولتهم لاكتساب العربية وتقويم اللسان.

خامسا- التاريخ:
ومن أبرز ملامح العلاقة بين التاريخ والثقافة:

١. يمثل التاريخ جسر التواصل بين ثقافة الأمة في ماضيها وبين ثقافتها في الحاضر.

٢. يوضح التاريخ صور العلاقات المختلفة للأمة الإسلامية مع غيرها، مما يمكن من أخذ الدروس والعبر وبخاصة مواقف الأعداء من الأمة

---

(١) ابن تيمية، اقتضاء الصراط المستقيم.

الإسلامية، الأمر الـذي يعيد بناء الشخصية الإسلامية وفـق ثقافة واعيـة للتجربـة التاريخية وأحداثها، وكما هو معروف كان الصحابة يعلمون أبنائهم المغازي والسير كما يعلموهم السورة من القرآن. ومن جانـب آخر ركز القرآن علـى تاريخ الأقوام والأمم الغابرة موضحا مواقفهم من الرسل من خلال القصص القرآني، وكل ذلك كـان يتلقاه صلى اللـه عليه وسلم ليشد من عزيمته وثباته في الـدعوة، قال تعـالى:

﴿ وَكُلًّا نَّقُصُّ عَلَيْكَ مِنْ أَنۢبَآءِ ٱلرُّسُلِ مَا نُثَبِّتُ بِهِۦ فُؤَادَكَ وَجَآءَكَ فِى هَٰذِهِ ٱلْحَقُّ وَمَوْعِظَةٌ وَذِكْرَىٰ لِلْمُؤْمِنِينَ ﴾ (هود، ١٢٠).

٣. يعيد التاريخ بناء الشخصية الإسلامية وصقلها حسب القيم والمثل الإسلامية، حيث أن التاريخ يمثل مدرسة حقيقيـة علـى مستوى جميـع قطاعات المجتمـع، السياسية والاقتصادية والعسكرية إضافة إلى إسهاماته في رقي المجتمع وتقدمه الحضاري.

٤. وبسبب أهمية التاريخ في إعادة البناء الحضاري للأمة فقد تعرض لمحاولات عديـدة تهدف إلى طمس حقائقه والتشكيك في أحداثه وتحريف مجرياته، ويتضح ذلـك مـن خلال حركة الاستشراق والغزو الفكري الذي قاده المستشرقون في هذا المجال.

سادسا- العرف والعادة:
يعـد العـرف والعـادة مـن مصادر الثقافـة الإسلامية لأن المسـلم يتأثر بـالمجتمع ويكتسب من خلال علاقاته الاجتماعية تصورات ومفاهيم جديدة. ولكن ليس ذلك علـى إطلاقه لأن أعراف المجتمع وعاداته منها ما

هو صحيح يتوافق مع أصول الشريعة الإسلامية ومقاصدها العامة، ومنها ما هو فاسد يخالف تلك الأصول والمقاصد. وقد أقر الإسلام جميع مظاهر الحياة الاجتماعية التي تتماشى مع مبادئه وأهدافه السامية في إطار مكارم الأخلاق وفضائل الأعمال ومحاسن العادات.

المبحث الثالث
خصائص الثقافة الإسلامية

تتصف الثقافة الإسلامية بعدة خصائص تجعل منها ثقافة متميـزة ومسـتقلة عـن ثقافات الأمم الأخرى، ومن أهم خصائصها أنها ثقافة ربانية متوازنة ثابتة، ودعوتها عالمية تخاطب الإنسان في ضوء علاقته بالكون والحياة، وفيما يأتي بيان لهذه الخصائص:

أولا- الربانية:

ترتكز الثقافة الإسلامية علـى تعـاليم القـرآن الكـريم وأوامـره وأحكامـه في مجـال تنظيم الحياة الاجتماعية. وخاصية الربانيـة واضحـة الوجهـة والاتجـاه في سـلوك المسـلم وأفعاله لنيل مثوبة اللـه تعالى حيث أن كل حركاته تخضـع للمفهـوم الربـاني ﴿ صِبْغَةَ اللَّهِ وَمَنْ أَحْسَنُ مِنَ اللَّهِ صِبْغَةً وَنَحْنُ لَهُ عَـٰبِدُونَ ﴾ (البقـرة، ١٣٨)، وتعـد هـذه الخاصية من أهم الخصائص وأعظمها لأنها تميز المجتمع الإسلامي عن التصورات الباطلة والمعتقدات الخاطئة التي تدين بها المجتمعات الأخرى؛ فالمجتمعات غير الإسلامية تحـدد فيها أساليب الحياة وأنماطها وفقا للنظريات والمناهج الوضعية، وواضح أن المسلم يرتقي بطبيعة ثقافته الربانية عن سائر الثقافات الأخرى، فهو يسمو في عقيدته وأفعاله القلبية وحتى عاداته السلوكية مثل الطعام والشراب واللبـاس والنكـاح إلى جانـب أن انفعالاتـه النفسية كالحب والبغض والخوف والرجاء والحزن والبكاء تكون جميعها ابتغاء رضـوان اللـه تعالى. وهناك آيات قرآنية

عديدة أوضحت معية الله تعالى لعباده، كقوله تعالى: ﴿ وَٱتَّقُوا۟ ٱللَّهَ وَٱعْلَمُوٓا۟ أَنَّ ٱللَّهَ مَعَ ٱلْمُتَّقِينَ ﴾ (البقـــرة، ١٩٤) ﴿ قُلْ إِنَّ صَلَاتِي وَنُسُكِي وَمَحْيَايَ وَمَمَاتِي لِلَّهِ رَبِّ ٱلْعَالَمِينَ ﴾ (الأنعام، ١٦٢).

ثانيا- التوازن:

ومن أهم ملامح التوازن في الثقافة الإسلامية:

١. توازن عضوي بين متطلبات الروح واحتياجات الجسد.

٢. توازن اقتصادي بين الملكية الفردية ومصالح الجماعة.

٣. تـوازن بـين مصالح الـدنيا ومصالح الآخرة ﴿ وَٱبْتَغِ فِيمَآ ءَاتَىٰكَ ٱللَّهُ ٱلدَّارَ ٱلْأَخِرَةَ وَلَا تَنسَ نَصِيبَكَ مِنَ ٱلدُّنْيَا ﴾ (القصص، ٧٧).

٤. توازن بين إطلاق الدوافع الفطرية ممثلة بالشهوات وبين كبحها أو كبتها.

٥. توازن بين الحقوق والواجبات على مستوى جميع قطاعات المجتمع، الفرد والجماعـة، الغني والفقير، الذكر والأنثى.

٦. التوازن العام في جميع مظاهر الحياة خلافا للتطرف السائد في ثقافات الأمـم الأخرى ﴿ وَكَذَٰلِكَ جَعَلْنَٰكُمْ أُمَّةً وَسَطًا لِّتَكُونُوا۟ شُهَدَآءَ عَلَى ٱلنَّاسِ ﴾ (البقرة، ١٤٣).

ثالثا: الثبات:

وتعني هذه الخاصية وجود ثبات في المبادئ الأساسية والقيم العامة في المجتمع الإسلامي، ولكن يوجد مجالات رحبة في فرص الاجتهاد والتطور، أي أن الثبات يكون في إطار حركة منتظمة حول المفاهيم والتصورات المشتركة، وتنسجم هذه الخاصية مع كون الثقافة الإسلامية ربانية لا تحكمها مناهج البشر وأهوائهم، والتي هي محل التناحر والاختلاف، كما أن هذه الخاصية تضمن للثقافة مزية الانسجام مع منظومة الكون والحياة.

رابعا- العالمية (الشمول):

وتظهر مزية الثقافة الإسلامية على أساس عالمي شامل من عدة جوانب:

١. مفاهيم الثقافة الإسلامية تقع في إطار واحد تؤخذ من خلاله جملة وتفصيلا، ومفهوم الشمول هنا أنه لا يصح التفريق بين هذه المفاهيم والفصل بينها لأنها تشكل بمجموعها وحدة واحدة مترابطة ومتناسقة وليست أجزاء مختلفة لا تجمعها رابطة واحدة.

وَيَقُولُونَ الثقافة الإسلامية شاملة وعالمية من جهة أن رسالة الإسلام خاتمة لكل الرسالات، وقد استوعبت كل الأجيال البشرية عبر تجربتهم التاريخية، أي أن هذه الرسالة كان يدعو إليها جميع الأنبياء على اختلاف أزمانهم، وصرحت بذلك آيات قرآنية عديدة، منها قوله تعالى: ﴿ وَإِذْ أَخَذَ ٱللَّهُ مِيثَٰقَ ٱلنَّبِيِّـۧنَ لَمَآ ءَاتَيْتُكُم مِّن كِتَٰبٍ وَحِكْمَةٍ ثُمَّ جَآءَكُمْ رَسُولٌ مُّصَدِّقٌ لِّمَا مَعَكُمْ لَتُؤْمِنُنَّ بِهِۦ وَلَتَنصُرُنَّهُۥ قَالَ ءَأَقْرَرْتُمْ وَأَخَذْتُمْ عَلَىٰ ذَٰلِكُمْ

إِصْرِي قَالُوٓا۟ أَقْرَرْنَا ﴾ (آل عمران، ٨١)، وفي نوح عليه السلام: ﴿ وَأُمِرْتُ أَنْ أَكُونَ

مِنَ ٱلْمُسْلِمِينَ ﴾ (يونس ٧٢)، وفي دعوة إبراهيم عليه السلام وذريته: ﴿ وَوَصَّىٰ

بِهَآ إِبْرَٰهِۦمُ بَنِيهِ وَيَعْقُوبُ يَٰبَنِيَّ إِنَّ ٱللَّهَ ٱصْطَفَىٰ لَكُمُ ٱلدِّينَ فَلَا تَمُوتُنَّ إِلَّا وَأَنتُم

مُّسْلِمُونَ ﴾ (البقرة، ١٣٢)، وفي دعوة يوسف عليه السلام: ﴿ تَوَفَّنِى مُسْلِمًا وَأَلْحِقْنِى

بِٱلصَّٰلِحِينَ ﴾ (يوسف، ١٠١)، وفي دعوة موسى عليه السلام لقومه ﴿ يَٰقَوْمِ إِن كُنتُمْ

ءَامَنتُم بِٱللَّهِ فَعَلَيْهِ تَوَكَّلُوٓا۟ إِن كُنتُم مُّسْلِمِينَ ﴾ (يونس، ٨٤).

٣. والثقافة الإسلامية شاملة لأن الإسلام يخاطب المجتمع الإنساني عامة، وليس محصورا

بشعب أو أمة بعينها، وقد جاءت آيات قرآنية عديدة بهذا الخطاب، كقوله تعالى: ﴿

يَٰٓأَيُّهَا ٱلْإِنسَٰنُ ﴾ (الانفطار ٦، الانشقاق ٦)، ﴿يا أيها الناس﴾ (النساء ١، الأعراف ١٥٨، يونس

١٠٤، الحج ١)، ﴿يا بني آدم﴾ (الأعراف ٢٦، يس ٦٠). ومن هنا دخل في الإسلام أبو بكر

العربي وسلمان الفارسي وبلال الحبشي وصهيب الرومي، وفي صدر الإسلام ظهر العديد

من جهابذة العلماء ليسوا عربا، مثل نافع مولى ابن عمر وهو فقيه أهل المدينة،

وعطاء بن أبي رباح وهو فقيه أهل مكة، وطاووس بن كيسان وهو فقيه أهل اليمن،

ويحيى بن أبي كثير وهو فقيه أهل اليمامة وغيرهم[١].

---

(١) عبد الحليم الجندي، أبو حنيفة، ص ٢٤- ٢٥.

٤. والثقافة الإسلامية شاملة لعلاقات الإنسان بمنظومة الكون والحياة، وعلاقاته مع خالقه واحتياجاته النفسية والروحية والوجدانية، وذلك خلافا للثقافات الأخرى التي قطعت تلك الصلة بين الإنسان وخالقه فطمست أشواق الروح وظلت حبيسة للمادة ومتطلبات الجسد.

٥. وشمول الثقافة الإسلامية واضح في فلسفة الإسلام الرامية إلى إيجاد الإنسان السوي الصالح وليس إيجاد المواطن الصالح فحسب، لأن المواطنة في الإسلام عقيدة ومنهج حياة.

٦. والثقافة الإسلامية شاملة في الأحكام والتعاليم الشرعية، والتي ترعى الإنسان قبل مولده وحتى بعد مماته، كاختيار الأم الصالحة، وحقوقه في مرحلة الطفولة، وواجباته الأسرية بعد الزواج، وسائر أفعاله وحركاته وتصوراته.

خامسا- الإنسانية (الواقعية):

وهناك ملامح عديدة للجانب الإنساني في الثقافة الإسلامية:

١. مراعاة قدرات الإنسان وطاقاته من خلال رفع الحرج عنه والتيسير عليه وإيجاد الرخصة في كثير من التكاليف الشرعية ﴿ وَمَا جَعَلَ عَلَيْكُمْ فِي ٱلدِّينِ مِنْ حَرَجٍ ﴾ (الحج، ٧٨).

٢. مراعاة فطرة الإنسان وحاجاته التي خلقه الله تعالى عليها، وهو أعلم بها.

٣. النهوض بالإنسان ورعاية مصالحه النفسية من السقوط في الرذائل والشهوات وتزويده بالمقومات الأساسية التي تضمن استمرارية وجوده وبقاءه إنسانا يحظى بخصوصية التكريم الإلهي.

٤. المعنى الإنساني في جلب المصلحة وتحقيق السعادة للإنسان وضمان موجباتها كالعدل والرحمة والكرامة[1].

سادسا- الإيجابية:

وتعني الإيجابية القدرة على الفاعلية والحركة والتأثير، وتظهر معانيها في الثقافة الإسلامية من وجوه:

١. قدرة الله تعالى المطلقة على التأثير في منظومة الكون والإنسان والحياة، وتدبير الأمر، وتصريف الأمور المعاشية، والإنسان في هذا الجانب لديه إيجابية فاعلة في الأنشطة الإنسانية، ويشعر بقدرته وتأثيره في المجتمع من حوله لأنها قدرة ممنوحة من الله تعالى وهبها له ليستفيد من مظاهر الحياة المسخرة له.

٢. الإيجابية الفاعلة في المجال الاقتصادي، فالإنسان يضرب في مناكب الأرض طلبا للرزق، ويسعى لعمارة الأرض، فهو مستخلف من الله تعالى استعمره فيها مصلحا غير مفسد، ومنتجا وفاعلا غير متعطل أو خامل، وكل ذلك يدل على الحركة الدافعة والإرادة الفاعلة.

٣. الإيجابية الفاعلة في مجال الحياة الاجتماعية، حيث يباشر المسلم مسؤولياته وواجباته نحو المجتمع ابتداء بإصلاح النفوس ودعوتها إلى الخير من خلال آلية الأمر بالمعروف والعدل والإحسان، وانتهاء بمسؤولياته الفردية كجزء من المجتمع يقع على ثغرة من ثغر الإسلام، وهنا يندفع المسلم نحو القيام بواجباته بدوافع ومحركات داخلية يحكمها الشعور بالرقابة الإلهية ومحاسبة البشر على أعمالهم.

---

(١) مصطفى السباعي، من روائع حضارتنا، ص ٣١.

الفصل الثاني

العقيدة الإسلامية

وفيه سبعة مباحث:

الفصل الثاني
العقيدة الإسلامية

تتضمن العقيدة الإسلامية تلك الأصول الإيمانية التي تقوم عليها القناعات والتصورات، والتي تتمحور حول الإيمان بالله وملائكته وكتبه ورسله واليوم الآخر والقضاء والقدر خيره وشره، ويشرح هذا الفصل أصول العقيدة وأركانها في سبعة مباحث:

المبحث الأول
مفهوم العقيدة الإسلامية
وأهميتها وخصائصها

أولا: مفهوم العقيدة الإسلامية

يعتمد مفهوم العقيدة على المعنى اللغوي الذي يفيد الصلابة والشدة، تقول العرب: اعتقد الشيء إذا صلب واشتد[١]. ومادة (عقد) تفيد لزوم الشيء وتأكيده والصلابة فيه[٢]. فالعقيدة بالنسبة للفرد تشكل مجموعة

---

(١) لسان العرب لابن منظور، باب الدال، فصل العين.
(٢) معجم مقاييس اللغة لابن فارس، مادة (عقد).

التصورات الراسخة في تفكيره ومواقفه، ويمكن تعريفها بأنها "مجموعة المفاهيم الثابتة التي يكتسبها المسلم عن الكون والحياة"، وبدون شك أن مفاهيم العقيدة تتحول إلى إيمان راسخ في الفكر والوجدان إذا صاحبها طمأنينة في القلب وتغيير في المشاعر والعواطف عن طريق التفاعل والتأثر بأصول العقيدة وأركان الإيمان.

ومنهم من عرف العقيدة بأنها الأمور التي تصدق بها النفوس، وتكون يقينا عند أصحابها، من خلال الدعائم التي تقوم عليها وهي الإيمان بالله وملائكته وكتبه ورسله واليوم الآخر والقدر خيره وشره^(١).

ثانيا: أهمية العقيدة الإسلامية

تمثل العقيدة الإسلامية السياج المتين والقوة الفكرية التي تحمي أصحابها من الانصهار في الأفكار والمفاهيم الدخيلة وتحفظ لهم وجودهم واستقلاليتهم الذاتية في مواجهة المعتقدات الأخرى، ومن هنا تبدو أهمية العقيدة بالنسبة للمسلم جلية ومؤثرة في حياته وسلوكه وتصوراته، ومنها:

١. تميز العقيدة الإنسان عن المخلوقات الأخرى، لأن الإنسان لديه إرادة حرة في البحث والنظر والاستدلال تختلف عن سائر المخلوقات التي تكون إرادتها موجهة فطريا بما يحفظ وجودها ومصالحها. ولعل التمايز يكون أشد عمقا وأكبر تأثيرا بين المسلم الذي يؤمن بالمعتقدات الإيمانية وبين الكافر الذي ينكر هذه المعتقدات، وذلك أن أهمية المعتقدات

_____

(١) عمر سليمان الأشقر، نحو ثقافة إسلامية أصيلة، ص ٨٢.

بالنسبة للمسلم أنها تقوم بتسيير الإرادة الحرة لديه وضبطها في إطار تحقيق المصالح ودرء المفاسد، وأما الكافر الذي يفتقر إلى هذه العقيدة فإن إرادته الحرة تنزلق به دون مستوى الأنعام والبهائم، والتي تمتلك إرادة منضبطة غريزيا وفطريا، وفيه يقول تعالى: ﴿أَمْ تَحْسَبُ أَنَّ أَكْثَرَهُمْ يَسْمَعُونَ أَوْ يَعْقِلُونَ ۚ إِنْ هُمْ إِلَّا كَالْأَنْعَامِ ۖ بَلْ هُمْ أَضَلُّ سَبِيلًا﴾ (الفرقان،٤٤).

٢. تحرير المسلم من العبودية لغير الله تعالى، وتبعا لذلك تسهم العقيدة في تحرير المسلم من الخوف على الرزق والمعاش، قَالَ تَعَالَىٰ: ﴿وَفِي السَّمَاءِ رِزْقُكُمْ وَمَا تُوعَدُونَ﴾ (الذاريات،٢٢)، ومن الخوف على الحياة، قَالَ تَعَالَىٰ: ﴿كُلُّ نَفْسٍ ذَائِقَةُ الْمَوْتِ﴾(آل عمران، ١٨٥)، وتمنحه الشعور بالكرامة والشجاعة والعزة، قَالَ تَعَالَىٰ: ﴿وَلِلَّهِ الْعِزَّةُ وَلِرَسُولِهِ وَلِلْمُؤْمِنِينَ﴾(المنافقون، ٨).

٣. تعد العقيدة الركيزة الأساسية في إحداث تغييرات جوهرية في الشعور والتوجه والعاطفة، وبالمقابل فإن العقيدة الغربية أو الوضعية والتي يعبر عنها بالأيديولوجية تخلو من إحداث أي شكل من هذه التأثيرات.

٤. تحقق العقيدة أهداف المسلم ومقاصده في الحصول على السعادة الدنيوية ممثلة بالرضى وغنى النفس، وفي الحديث: «ليس الغنى عن كثرة العرض ولكن الغنى غنى النفس»[1]، وفي هذا الجانب تؤكد

(١) صحيح مسلم، ٣/١٠٠.

العقيدة على أن المال ليس سببا مباشرا في تحصيل السعادة لأن المالك الحقيقي له هو الله تعالى يعطيه من يشاء، ومن هذا الوجه تتحرر الأنفس من الاستكانة والخضوع لسلطان المال[1]، وتشعر بالسعادة النفسية علاوة على الشعور بأهمية السعادة الأخروية والفوز بدار النعيم، يقول الإمام الغزالي: «وكان قد ظهر عندي أنه لا مطمع في سعادة الآخرة إلا بالتقوى، وكف النفس عن الهوى، وأن سر ذلك كله، قطع علاقة القلب عن الدنيا والإقبال بكنه الهمة على الله تعالى»[2].

٥. تبدد العقيدة الحيرة والتردد في النفس الإنسانية، وتجيب على التساؤلات التي تدور في الذهن وتبسط الإجابة فيها، وهناك ثلاثة أسئلة أساسية يسأل الإنسان فيها نفسه:

من الذي خلقني؟ تجيب العقيدة بأن الله تعالى هو الخالق.

ولماذا خلقني؟ تجيب العقيدة بأن الإنسان مخلوق للعبادة وابتلاء الإرادة.

ثم أين مصيري؟ فتجيب العقيدة بأن مصير الإنسان هو جنة وثواب أو نار وعقاب.

وهناك أسئلة فرعية تنتج عن الأسئلة الأساسية تجيب عليها العقيدة:

من الذي يبلغ عن الله تعالى؟ الرسول.

وكيف يتصل الرسول بالله تعالى؟ بالوحي.

(١) محمد عبد الله العربي، الملكية الخاصة وحدودها في الإسلام، المؤتمر الأول لمجمع البحوث الإسلامية، القاهرة، مجمع البحوث الإسلامية، ١٩٦٤، ص ١٤١.
(٢) أبو حامد الغزالي، المنقذ من الضلال، تحقيق سميح دغيم، طبعة أولى، بيروت، دار الفكر اللبناني، ١٩٩٣، ص ٨٠.

وماذا يتلقى الرسول؟ الكتب السماوية^(١).

٦. وواضح أن العقيدة وهي تجيب على الترددات والهواجس النفسية تؤكد على رسوخ المفاهيم والتصورات ولزومها، مما ينتج عنه تحرير العقل الإنساني من الأوهام والخرافات والأساطير، كما أنها تزكي سلوك المسلم وتهذبه في مجال الانضباط والاستقامة والرقابة الذاتية.

ثالثا: خصائص العقيدة الإسلامية

تمتاز العقيدة الإسلامية بجملة من الخصائص الذاتية تميزها عن غيرها، وتمنحها معالم محددة وشخصية مستقلة، وأبرز هذه الخصائص:

أولا: الربانية

يقصد بالعقيدة الربانية أنه موحى بها من عند الله تعالى وليست من صنع البشر. وهذه الخاصية تميزها عن العقائد البشرية التي تتغير حسب المصالح والأهواء، وهي خاصية تحمل في طياتها معنى الصون والحفظ، وعدم التبديل والتحريف، مثلما حصل في الديانات السماوية السابقة التي لم تحفظ من الدسائس والتزوير فدخلها الخلط واللبس وخضعت للتغيير من تعاليم الإنسان نفسه.

كما أن معنى الحفظ الذي تدل عليه خاصية الربانية لا يخضع للتبديل والتغيير فإنه من هذا الوجه يدل على الثبات، أي ثبات مقررات العقيدة من القواعد والأحكام والأصول المختلفة، حيث لا تختلف باختلاف الأحوال والأشخاص، أو المكان والزمان.

---

(١) الشيخ محمد الغزالي وعبد الرحمن حسن حبنكة، الثقافة الإسلامية، جامعة أم القرى، ١٤١٨ هـ ص ١٨- ١٩.

ثانيا: الغيبية

إن أركان العقيدة الإسلامية كلها غيبية، وكل ما استتر عن الإنسان واحتجب وخفي فهو غيب، والمعروف أن هذه الأركان أخبر بها الأنبياء، لأنها تقع لا تحت الحواس ولا تدركها العقول ابتداء، كذاته تعالى، وملائكته، والجنة والنار ونحو ذلك[1]، ومن هنا كان الاعتقاد بالغيب علامة هداية لأهل التقوى والصلاح قَالَ تَعَالَى: ﴿ ذَٰلِكَ ٱلۡكِتَٰبُ لَا رَيۡبَۛ فِيهِۛ هُدٗى لِّلۡمُتَّقِينَ ٱلَّذِينَ يُؤۡمِنُونَ بِٱلۡغَيۡبِ وَيُقِيمُونَ ٱلصَّلَوٰةَ وَمِمَّا رَزَقۡنَٰهُمۡ يُنفِقُونَ ﴾ (البقرة، ٢- ٣).

ثالثا: الشمولية

فالعقيدة الإسلامية تخاطب الإنسان في إطار علاقته بالكون والحياة، وتوضح كل ما يختلج في الصدر من الغيبيات بطريقة شاملة ودقيقة، وشمولية العقيدة واضحة في معطيات القرآن وتصديه لكل صغيرة وكبيرة وبيانه لكل شيء قَالَ تَعَالَى: ﴿ وَنَزَّلۡنَا عَلَيۡكَ ٱلۡكِتَٰبَ تِبۡيَٰنٗا لِّكُلِّ شَيۡءٖ ﴾ (النحل، ٨٩).

رابعا: الوسطية والتوازن

تعني الوسطية في العقيدة أنها تقوم على منهج التوسط والاعتدال والقصد في الأفكار والتصورات، كما أن التوازن هو أحد مخرجات

---

(١) محمد جمال الدين القاسمي، تفسير القاسمي المسمى محاسن التأويل، تحقيق أحمد بن علي وحمدي صبح، القاهرة، دار الحديث، ٢٠٠٣م، ٢٧٠/٢.

الوسطية في سياسة التشريع الإسلامي المنبثق عن العقيدة، فلا تطغى ولا ترجح مصلحة على أخرى إلا وفقا للاعتبارات الشرعية.

وهناك وجوه كثيرة للوسطية والتوازن:

- إن الأمة الإسلامية التي تتوسط في عقيدتها هي وسط بين الأمم بشهودها عليها قَالَ تَعَالَى: ﴿ وَكَذَٰلِكَ جَعَلْنَٰكُمْ أُمَّةً وَسَطًا لِّتَكُونُوا۟ شُهَدَآءَ عَلَى ٱلنَّاسِ وَيَكُونَ ٱلرَّسُولُ عَلَيْكُمْ شَهِيدًا ﴾ (البقرة، ١٤٣).

- والمسلم متوازن في بذل الوسع والطاقة والقيام بأعباء التكاليف الشرعية، وهناك قواعد فقهية وأصولية كثيرة تؤكد على حد الضرورة والمصلحة، مثل: قاعدة "الضرر يزال"، وقاعدة "تقدر الضرورة بقدرها"[1]، فالاتجاه التشريعي في التيسير والرخص ورفع الحرج هو نوع من المنهج التوازني الذي يراعي طاقة الفرد البدنية والنفسية ﴿ لَا يُكَلِّفُ ٱللَّهُ نَفْسًا إِلَّا مَآ ءَاتَىٰهَا ﴾ (الطلاق، ٧)، ﴿ لَا تُكَلَّفُ نَفْسٌ إِلَّا وُسْعَهَا ﴾ (البقرة، ٢٣٣).

- وعلاقة الإنسان بالكون متوازنة في ضوء احتياجاته التي تضمن له البقاء ﴿ وَكُلُّ شَىْءٍ عِندَهُۥ بِمِقْدَارٍ ﴾ (الرعد، ٨)، ﴿ إِنَّا كُلَّ شَىْءٍ خَلَقْنَٰهُ بِقَدَرٍ ﴾ (القمر، ٤٩)، وهذا يعني أن الموارد المتاحة للإنسان تتناسب مع احتياجاته الخاصة[2].

---

(١) عبد الكريم زيدان، المدخل لدراسة الشريعة الإسلامية.
(٢) محمد بن أحمد القرطبي، الجامع لأحكام القرآن، بيروت، دار إحياء التراث العربي، ١٠/١٤-١٥.

- وفي مجال السلوك التعبدي لا توجد رهبانية وعزلة عن الحياة الاجتماعية وبالمقابل لا توجد شهوانية مطلقة لتلبية احتياجات الجسد.

- وتظهر وسطية العقيدة في مذهب أهل السلف من خلال مخالفتهم للفرق الضالة، ففي باب الأسماء والصفات أثبت أهل السلف أسماء اللـه وصفاته إثباتا بلا تشبيه ولا تعطيل، وفي باب أفعال العباد خالفوا الجبرية والقدرية فاثبتوا للعبد مشيئة تابعة لمشيئة اللـه المطلقة.

خامسا: الواقعية

وتعني أن العقيدة الإسلامية تتعامل مع واقع الإنسان وتخاطبه في إطار علاقتـه المتوازنة مع الكون والحياة. وتنـتظم خاصية الواقعيـة كـل التفصيلات الموضـوعية التي تعالج قضايا التشريع والنظم والأخلاق.

سادسا: الإيجابية

وتعني الفاعلية والحركة والتأثير على نحو ما فصلناه في خصائص الثقافة الإسلامية.

المبحث الثاني
الإيمان بالله تعالى

إن الإيمان بالله تعالى يمثل الحلقة الأولى والأساسية في سلسلة العقيدة الإسلامية والتي دلت عليها النصوص القرآنية في مواضع عديدة. قَالَ تَعَالَى: ﴿ءَامَنَ ٱلرَّسُولُ بِمَآ أُنزِلَ إِلَيْهِ مِن رَّبِّهِۦ وَٱلْمُؤْمِنُونَ كُلٌّ ءَامَنَ بِٱللَّهِ وَمَلَٰٓئِكَتِهِۦ وَكُتُبِهِۦ وَرُسُلِهِۦ﴾ (البقرة، ٢٨٥)، ﴿لَّيْسَ ٱلْبِرَّ أَن تُوَلُّوا۟ وُجُوهَكُمْ قِبَلَ ٱلْمَشْرِقِ وَٱلْمَغْرِبِ وَلَٰكِنَّ ٱلْبِرَّ مَنْ ءَامَنَ بِٱللَّهِ وَٱلْيَوْمِ ٱلْءَاخِرِ وَٱلْمَلَٰٓئِكَةِ وَٱلْكِتَٰبِ وَٱلنَّبِيِّـۧنَ﴾ (البقرة، ١٧٧)، ﴿إِنَّا كُلَّ شَىْءٍ خَلَقْنَٰهُ بِقَدَرٍ﴾ (القمر، ٤٩).

إن الأصول الاعتقادية تترابط فيما بينها كوحدة واحدة في سياق الدلالة على الوجود الإنساني وطبيعة المفهوم الذي تقوم عليه غاية وجود الإنسان. فالمعنى الأساسي الذي تقوم عليه غاية وجود الإنسان هو عبادة الله تعالى، وأن سلوك الإنسان في إطار تلك الغاية يقع تحت ابتلاء الإرادة والاختبار، وعلى أساس ذلك تنتظم سلسلة الأصول الاعتقادية وفق ترتيب منطقي يقود بعضه إلى بعض:

■ فالدنيا محل لاختبار إرادة الإنسان وهي تمثل الزمن الراهن مما يترتب عليه الحاجة إلى امتداد زماني آخر يحدث فيه الجزاء، وهذا مقتضى الإيمان باليوم الآخر.

- الحاجة إلى مقررات الاختبار الدنيوي تستدعي وجود رسالة وهو الدور الذي يقوم به الرسل مبشرين ومنذرين من اللـه تعالى.

- إن مقررات الرسالة التي ينهض بها الرسل تستدعي من وجـه آخـر وجـود بيـان وموعظة وهدى للناس أجمعين، وهو الأمـر الـذي يقتضي ـ الإيمان بالكتـب السماوية المنزلة على الرسل.

- وبما أن طبيعة الرسل بشرية فإنه يلزم لتلقيهم تلك الكتب والتعـاليم الإلهيـة وجـود واسطة بينهم وبين اللـه تعالى، وهو الدور الذي يقوم به الملائكة المكرمون.

أدلة العقيدة في اللـه

إن الإيمان باللـه تعالى يقـوم عـلى أكـثر مـن دليـل في الـنفس والعقـل والحيـاة بكـل صورها مما لا يدع مجالا للشك لأي جاحد أو معاند، ويمكن إجمال هـذه الأدلـة بالنقـاط التالية:

أولا- الدليل الفطري

إن الإيمان بوجود اللـه تعالى مركوز في فطرة الإنسان التي فطره اللـه تعالى عليها. وتتجلى هذه الحقيقة بسلوك وفعل لا إرادي يحس به الإنسان في أعماق نفسه، وهـو لا يملك إزاء هذه الحقيقة إلا التفاعل معها والتأثر بها، ولا تحتاج إلى إقامة البرهان والـدليل على وجودها لأنها تظهر فجأة في انفعالات الإنسان ومواقفه مع الآخرين. إن نداء الفطـرة يهتف به الإنسان معتقدا بوجود اللـه كلما أصابته نازلة أو قرعته قارعـة، ويهتـف بـه في ظلمة الليل الساجي والفجر الوليد والصحراء المنسابة والروض البهيج وكل

مطالع الجمال. ونداء الفطرة الإنسانية بوجود الله لا يختلف عن نداءات نفسية كثيرة تعمل داخل الإنسان ويخضع قسرا لوجودها دون الحاجة إلى برهان أو سلطان للدلالة عليها، ومنها شعور الإنسان بالغضب والسرور والألم والشهوة والحب والبغض.

ثانيا- الدليل العقلي

فقد حث الإسلام الإنسان على إطلاق تفكيره في آفاق الحياة، وهناك آيات قرآنية عديدة تشير إلى أهمية التفكير واستخدام العقل بتجرد صريح لمعرفة الخالق والإقرار بوجوده سبحانه وتعالى، ومنها قوله تعالى ﴿إِنَّ فِي ذَٰلِكَ لَآيَٰتٍ لِّقَوْمٍ يَعْقِلُونَ﴾ (النحل، ١٢)، ﴿إِنَّ فِي ذَٰلِكَ لَآيَةً لِّقَوْمٍ يَتَفَكَّرُونَ﴾ (النحل، ٦٩)، ﴿هَلْ فِي ذَٰلِكَ قَسَمٌ لِّذِي حِجْرٍ﴾ (الفجر، ٥)، وبسبب أهمية العلم الموصل إلى العقيدة في الله نجد أن الإسلام يزكي صنيع العلماء ويرفع من قدرهم في أكثر من موضع قرآني:

١. وردت شهادة العلماء مع شهادة الله تعالى والملائكة مما يرفع من قدر شهادتهم ﴿شَهِدَ اللَّهُ أَنَّهُ لَا إِلَٰهَ إِلَّا هُوَ وَالْمَلَٰئِكَةُ وَأُولُو الْعِلْمِ قَائِمًا بِالْقِسْطِ﴾ (آل عمران، ١٨).

٢. أن العلماء أكثر الناس خشية لله تعالى ﴿إِنَّمَا يَخْشَى اللَّهَ مِنْ عِبَادِهِ الْعُلَمَٰؤُا﴾ (فاطر، ٢٨).

٣. علو منزلة العالم وسمو قدره وعدم استوائه مع الجاهل ﴿ قُلْ هَلْ يَسْتَوِى ٱلَّذِينَ يَعْلَمُونَ وَٱلَّذِينَ لَا يَعْلَمُونَ إِنَّمَا يَتَذَكَّرُ أُوْلُوا ٱلْأَلْبَبِ ﴾ (الزمر، ٩).

٤. ﴿ يَرْفَعِ ٱللَّهُ ٱلَّذِينَ ءَامَنُوا مِنكُمْ وَٱلَّذِينَ أُوتُوا ٱلْعِلْمَ دَرَجَتٍ ﴾ (المجادلة، ١١)، وقول الرسول صلى اللـه عليه وسلم «إن الملائكة لتضع أجنحتها لطالب العلم رضى بما يصنع».

ثالثا- دليل الممكنات

ويراد بهذا الدليل أن جميع الكائنات والأشياء الكونية بالإمكان أن تكون على صورة أو صفة أو حالة مخالفة لتلك التي هي عليها الآن. فدليل الممكنات يعطي احتمالات واسعة ومتنوعة جدا لهذه الأشياء التي لا يرى فيها العقل الإنساني أي مانع من التحول، فخلق الإنسان مثلا في باب الممكنات العقلية يطرح احتمالات اختلاف الصورة حجما وكيفا، واحتمال اختلاف الصفات والقوى التي يتمتع بها الإنسان، واحتمال اختلاف الحيز المكاني والزماني.

إن دليل الممكنات يعني ببساطة أن عملية الخلق جاءت متناسقة ومنسجمة على مستوى الجزء والكل بما يشكل وحدة واحدة لا تقبل احتمالات المصادفة، الأمر الذي يؤكد للعقل البشري أن وراء تلك الحكمة والإبداع والإتقان وجود إرادة مهيمنة وهي إرادة اللـه تعـالى ﴿ أَفَرَءَيْتُم مَّا تَحْرُثُونَ ءَأَنتُمْ تَزْرَعُونَهُ أَمْ نَحْنُ ٱلزَّرِعُونَ ﴾ (الواقعة، ٦٣-٦٤)، ﴿ أَمَّنْ خَلَقَ ٱلسَّمَوَتِ وَٱلْأَرْضَ

﴿وَأَنزَلَ لَكُم مِّنَ ٱلسَّمَآءِ مَآءً فَأَنۢبَتۡنَا بِهِۦ حَدَآئِقَ ذَاتَ بَهۡجَةٍ مَّا كَانَ لَكُمۡ أَن تُنۢبِتُواْ شَجَرَهَآۗ أَءِلَٰهٌ مَّعَ ٱللَّهِۚ بَلۡ هُمۡ قَوۡمٌ يَعۡدِلُونَ﴾ (النمل، ٦٠).

رابعا- دليل الإتقان:

ويعني هذا الدليل أن كل مخلوق وجد على صورة متقنة ظاهرا وباطنا من المحال عقلا أن توجد صورة أحسن منها، قال تعالى: ﴿ٱلَّذِيٓ أَحۡسَنَ كُلَّ شَيۡءٍ خَلَقَهُۥۖ وَبَدَأَ خَلۡقَ ٱلۡإِنسَٰنِ مِن طِينٍ﴾ (السجدة، ٧)، ﴿وَتَرَى ٱلۡجِبَالَ تَحۡسَبُهَا جَامِدَةً وَهِيَ تَمُرُّ مَرَّ ٱلسَّحَابِۚ صُنۡعَ ٱللَّهِ ٱلَّذِيٓ أَتۡقَنَ كُلَّ شَيۡءٍۚ﴾ (النمل، ٨٨)، فالإتقان في صورة الأرض ينتظم حركتها وسرعتها ووديانها وجبالها وحجمها ووزنها ومائها وهوائها وشمسها وقمرها ودفئها وبردها ﴿فَلۡيَنظُرِ ٱلۡإِنسَٰنُ إِلَىٰ طَعَامِهِۦٓ ﴿٢٤﴾ أَنَّا صَبَبۡنَا ٱلۡمَآءَ صَبّٗا ﴿٢٥﴾ ثُمَّ شَقَقۡنَا ٱلۡأَرۡضَ شَقّٗا ﴿٢٦﴾ فَأَنۢبَتۡنَا فِيهَا حَبّٗا ﴿٢٧﴾ وَعِنَبٗا وَقَضۡبٗا ﴿٢٨﴾ وَزَيۡتُونٗا وَنَخۡلٗا ﴿٢٩﴾ وَحَدَآئِقَ غُلۡبٗا ﴿٣٠﴾ وَفَٰكِهَةٗ وَأَبّٗا ﴿٣١﴾ مَّتَٰعٗا لَّكُمۡ وَلِأَنۡعَٰمِكُمۡ﴾ (عبس، ٢٤-٣٢). والإتقان في السماء في لونها وجمالها ونجومها ومجراتها والإتقان في الحيوان في حركته طائرا أو ماشيا أو زاحفا أو عائما أو غائصا وفي قوته وطبعه وحجمه.

خامسا-دليل العناية الإلهية:

ويعني أن كل مخلوق وجد على هيئة تحفظ له أسباب البقاء قال تعالى: ﴿إِنَّ ٱللَّهَ يُمۡسِكُ ٱلسَّمَٰوَٰتِ وَٱلۡأَرۡضَ أَن تَزُولَاۚ﴾ (فاطر، ٤١)، ﴿قُلۡ أَرَءَيۡتُمۡ إِن جَعَلَ

ٱللَّهُ عَلَيۡكُمُ ٱلَّيۡلَ سَرۡمَدًا إِلَىٰ يَوۡمِ ٱلۡقِيَٰمَةِ مَنۡ إِلَٰهٌ غَيۡرُ ٱللَّهِ يَأۡتِيكُم بِضِيَآءٍۚ أَفَلَا تَسۡمَعُونَ ﴾. (القصص، ٧١)

سادسا- دليل التغير والسببية:

والمراد به أن كل حادث أو تغير يحتاج إلى سبب يؤثر فيه، ويكون هذا السبب عن التحول خارجا والتغير ويختص بالثبات والدوام، و الله تعالى واجب الوجود في ذاته وصفاته لا يحتاج إلى مؤثر أو سبب يقوم عليه. وقد دل القرآن على معنى السببية بالإشارة إلى عملية الخلق التي تفيد معنى التحول مثل تحول الإنسان من نطفة إلى علقة ومضغة وعظام، وكذلك الليل والنهار والماء والسحاب **قَالَ تَعَالَىٰ**: ﴿ أَلَمۡ تَرَ أَنَّ ٱللَّهَ يُزۡجِي سَحَابٗا ثُمَّ يُؤَلِّفُ بَيۡنَهُۥ ثُمَّ يَجۡعَلُهُۥ رُكَامٗا فَتَرَى ٱلۡوَدۡقَ يَخۡرُجُ مِنۡ خِلَٰلِهِۦ ﴾ (النور، ٤٣).

وقد قسم العلماء أنواع التوحيد إلى ثلاثة؛ وهي توحيد الربوبية وتوحيد الألوهية وتوحيد الأسماء والصفات:

١. **توحيد الربوبية:** وهو لزوم الاعتقاد بأن الله تعالى هو الخالق البارئ المصور المحيي المميت. يهدف هذا التوحيد إلى لفت أنظار الخلق إلى أن الله تعالى هو وحده الذي يستحق العبادة ﴿ قُل لِّمَنِ ٱلۡأَرۡضُ وَمَن فِيهَآ إِن كُنتُمۡ تَعۡلَمُونَ ﴿٨٤﴾ سَيَقُولُونَ لِلَّهِۚ قُلۡ أَفَلَا تَذَكَّرُونَ ﴿٨٥﴾ ﴾ (المؤمنون، ٨٤-٨٥). وهناك مواضع كثيرة تحدث فيها القرآن عن ربوبية الله تعالى، وذلك أن هذا التوحيد يمثل قاعدة أساسية يقوم عليها توحيد الألوهية.

٢. **توحيد الألوهية:** وهو إفراد الله تعالى وحده بالعبودية. وهذا التوحيد يعني العبادة بكل أشكالها وصورها من عبادة القلب واللسان إلى العبادات المالية وعبادة الجوارح بالصلاة والصيام والحج والجهاد وغيرها.

٣. **توحيد الأسماء والصفات:** ويقصد به معرفة الله تعالى إيمانا بما وصف به نفسه أو وصفه به رسول الله صلى الله عليه وسلم، فمعرفة أسماء الله تعالى وإثبات الأسماء الدالة عليها يعمق الإيمان بالله تعالى ﴿ فَلَهُ ٱلْأَسْمَآءُ ٱلْحُسْنَىٰ ﴾ (الإسراء،١١٠).

والمعروف أن مذهب السلف في باب الأسماء والصفات يقوم على ثلاثة أصول:

١. الإيمان بكل الأسماء والصفات التي أثبتها الله تعالى لنفسه أو أثبتها له رسوله، ونفي ما نفاه الله ورسوله.

٢. تنزيهه تعالى عن مشابهة خلقه في صفاته.

٣. عدم السؤال عن كيفية صفات الله تعالى أو البحث فيها لأنها غيب. قال الإمام مالك "الاستواء معلوم والكيف مجهول والسؤال عنه بدعة والإيمان به واجب".

المبحث الثالث
الإيمان باليوم الآخر

لقد اقتضت حكمة اللـه تعالى أن يتنقل الإنسان بين عوالم مختلفة؛ من عالم الرحم إلى عالم الدنيا ثم إلى عالم البرزخ ومنه إلى عالم الحشر والجزاء، إما إلى جنة أو إلى نار، ومن هنا تتضح حلقات العوالم والأطوار المختلفة باتساعها شيئا فشيئا، فعالم الرحم يعيشه الإنسان في مكان ضيق وإلى أجل معدود لا يتجاوز تسعة أشهر، بينما عالم الآخرة والجزاء يعيشه الإنسان في مكان فسيح وإلى أجل لا ينتهي. إن عالم الآخرة هو أشد العوالم وأكثرها جدلا وتكذيبا وإنكارا من الجاحدين والكفار، ومن هنا أفاض القرآن في بيانه وقرنه في مواضع عديدة بالإيمان بالله تعالى، وجعل له علامات كثيرة منها علامات صغرى تقبل فيها توبة الإنسان ومنها علامات كبرى لا تقبل فيها توبته، مثل خروج الدابة والدجال ونزول عيسى عليه السلام وخروج يأجوج ومأجوج وطلوع الشمس من مغربها.

ويمكن استقصاء الأدلة القرآنية على حتمية قيام اليوم الآخر من خلال الخطاب القرآني وردوده على الناس، وعلى الكفار بوجه خاص بالنقاط التالية:

[أولًا] إن قدرة اللـه تعالى على خلق منظومة الكون والإنسان والحياة وإبداع خلق هذه المنظومة المتكاملة بعضها مع بعض يستبعد وجود فوضى أو عبثية تنتهي إليها عملية الخلق،

قَالَ تَعَالَى: ﴿ أَيَحۡسَبُ ٱلۡإِنسَٰنُ أَن يُتۡرَكَ سُدًى ﴾ (القيامة، ٣٦)، ﴿ وَمَا خَلَقۡنَا

ٱلسَّمَٰوَٰتِ وَٱلْأَرْضَ وَمَا بَيْنَهُمَا لَٰعِبِينَ ﴿٣٨﴾ مَا خَلَقْنَٰهُمَآ إِلَّا بِٱلْحَقِّ وَلَٰكِنَّ أَكْثَرَهُمْ لَا يَعْلَمُونَ ﴿٣٩﴾﴾ (الدخان، ٣٨-٣٩)، ﴿وَمَا خَلَقْنَا ٱلسَّمَآءَ وَٱلْأَرْضَ وَمَا بَيْنَهُمَا بَٰطِلًا﴾ (ص،٢٧).

٢. تفاوت الناس في أعمالهم ومقاصدهم الدنيوية يقتضي الإيمان باليوم الآخر لمحاسبة المحسن بإحسانه والمسيء بإساءته قَالَ تَعَالَىٰ: ﴿وَنَضَعُ ٱلْمَوَٰزِينَ ٱلْقِسْطَ لِيَوْمِ ٱلْقِيَٰمَةِ فَلَا تُظْلَمُ نَفْسٌ شَيْـًٔا ۖ وَإِن كَانَ مِثْقَالَ حَبَّةٍ مِّنْ خَرْدَلٍ أَتَيْنَا بِهَا ۗ وَكَفَىٰ بِنَا حَٰسِبِينَ﴾(الأنبياء، ٤٧)، ﴿فَمَن يَعْمَلْ مِثْقَالَ ذَرَّةٍ خَيْرًا يَرَهُۥ ﴿٧﴾ وَمَن يَعْمَلْ مِثْقَالَ ذَرَّةٍ شَرًّا يَرَهُۥ ﴿٨﴾﴾. (الزلزلة، ٧-٨)

٣. اليوم الآخر هو امتداد زماني لدار الدنيا تمليه ضرورات عقلية وأخلاقية واجتماعية وإنسانية[1]:

- الضرورة العقلية تقتضي معاينة اليوم الآخر دون شك أو تردد ﴿كَلَّا لَوْ تَعْلَمُونَ عِلْمَ ٱلْيَقِينِ ﴿٥﴾ لَتَرَوُنَّ ٱلْجَحِيمَ ﴿٦﴾ ثُمَّ لَتَرَوُنَّهَا عَيْنَ ٱلْيَقِينِ ﴿٧﴾﴾ (التكاثر، ٥-٧)، ﴿وَإِذَا قِيلَ إِنَّ وَعْدَ ٱللَّهِ حَقٌّ وَٱلسَّاعَةُ لَا رَيْبَ فِيهَا قُلْتُم مَّا نَدْرِى مَا ٱلسَّاعَةُ إِن نَّظُنُّ إِلَّا ظَنًّا وَمَا نَحْنُ بِمُسْتَيْقِنِينَ﴾.(الجاثية، ٣٢)

- الضرورة الأخلاقية بالاعتقاد باليوم الآخر تتصل بكون الله تعالى هو العدل المطلق، وكمال العدل أن يفصل بين المسلم الذي واجه الحياة بصبر وثبات وبين الكافر الذي غرته الحياة الدنيا ﴿أَفَنَجْعَلُ ٱلْمُسْلِمِينَ

(١) الثقافة الإسلامية للشيخ الغزالي وحبنكة، ص ٨٧.

كَالْمُجْرِمِينَ ﴿٣٥﴾ مَا لَكُمْ كَيْفَ تَحْكُمُونَ ﴿٣٦﴾ (القلــــم، ٣٥-٣٦)، ﴿ أَمْ حَسِبَ ٱلَّذِينَ
ٱجْتَرَحُوا۟ ٱلسَّيِّـَٔاتِ أَن نَّجْعَلَهُمْ كَٱلَّذِينَ ءَامَنُوا۟ وَعَمِلُوا۟ ٱلصَّـٰلِحَـٰتِ سَوَآءً
مَّحْيَاهُمْ وَمَمَاتُهُمْ سَآءَ مَا يَحْكُمُونَ ﴾ (الجاثية، ٢١).

■ الضرورة الاجتماعية تتصل بتهذيب سلوك الإنسان في السر ـ والعلانية والظاهر
والباطن واستشعار الإنسان مخافة اللـه تعالى ومراقبته في جميع أحواله وأعماله
اعتقادا بيوم الفصل والجزاء.

■ الضرورة الإنسانية تتمثل بالارتقاء بجنس الإنسان في سلم الفضائل طمعا في
تحصيل الجزاء والثواب الأمثل في الدار الآخرة.

المبحث الرابع
الإيمان بالملائكة

الملائكة هي أجسام نورانية خلقها الله تعالى على هيئة مخصوصة ووظيفة مخصوصة. والإيمان بالملائكة جزء أساسي من عقيدة المسلم. وقد ضل كثير من الناس بسبب اعتقاداتهم الخاطئة حول الملائكة وحقيقتها ودورها في الحياة، ومن المشركين من جعل الملائكة إناثا فنسبوها إلى الله تعالى قال تعالى: ﴿ أَمْ خَلَقْنَا ٱلْمَلَٰٓئِكَةَ إِنَٰثًا وَهُمْ شَٰهِدُونَ ﴿١٥٠﴾ أَلَآ إِنَّهُم مِّنْ إِفْكِهِمْ لَيَقُولُونَ ﴿١٥١﴾ وَلَدَ ٱللَّهُ وَإِنَّهُمْ لَكَٰذِبُونَ ﴿١٥٢﴾ أَصْطَفَى ٱلْبَنَاتِ عَلَى ٱلْبَنِينَ ﴿١٥٣﴾ ﴾ (الصافات، ١٥٠-١٥٣). إن عقيدة المسلم في الملائكة تتمثل بالتصديق الجازم بكل ما أثبته الله تعالى وأثبته رسوله صلى الله عليه وسلم بهم وبكل ما نفاه الله تعالى ونفاه رسوله صلى الله عليه وسلم عنهم.

ومن الجوانب المهمة التي أوضحها القرآن والسنة حول حقيقة الإيمان بالملائكة:

ٱلْوَٰلِدَيْنِ تقوم الملائكة بدور حقيقي في رعاية حياة الإنسان وتباشر مسؤوليات عديدة وكلها الله تعالى به، الأمر الذي يترتب على عدم الإيمان بهم مجانبة للصواب وبعدا عن الحق في الاعتقاد الجازم بمنظومة الأصول الاعتقادية الإيمانية كوحدة متكاملة ﴿ وَمَن يَكْفُرْ بِٱللَّهِ وَمَلَٰٓئِكَتِهِۦ وَكُتُبِهِۦ

وَرُسُلِهِۦ وَٱلۡيَوۡمِ ٱلۡأٓخِرِ فَقَدۡ ضَلَّ ضَلَٰلَۢا بَعِيدًا ﴾ (النساء، ١٣٦). ومـن هـــذه الوظائف مراقبة الإنسان وقبض روحه وتهيئة الأرزاق وتصريف الرياح والسحاب وغير ذلك.

٢. خلق اللـه تعالى الملائكة من نور خلافا لخلق الجان والإنسان، وفي الحديث "خلقت الملائكة من نور وخلق الجان من مارج من نار وخلق آدم مـما وصف لكـم"، وينتج عن الخلق النوراني للملائكة صفات عديدة منها:

■ سرعة الحركة والصعود والهبوط بين السماء والأرض بما يتوافق مـع طبيعـة دور الملائكة في حياة الإنسان وتنظيم شؤون الحياة بوجه عام.

■ القدرة على التشكل والتحول إلى صور مختلفة منها صورة الإنسان، وقـد ثبـت في السنة أن جبريل عليه السلام كان يأتي على صورة إنسان معلوم مثل دحيه الكلبي أو إنسان مجهول.

■ عدم قدرة الإنسان على رؤية الملائكة في الأحوال الاعتيادية أي عند معايشتهم للإنسان في أحواله المختلفة.

■ القدرة الخارقة للملائكة، ويتصل بذلك أن منهم أولي أجنحة مثنى وثلاث ورباع أو أكثر.

■ تتصف الملائكة بهيئة جميلة أكثر مـن المخلوقات الأخرى ﴿ وَقُلۡنَ حَٰشَ لِلَّهِ مَا هَٰذَا بَشَرًا إِنۡ هَٰذَآ إِلَّا مَلَكٌ كَرِيمٌ ﴾ (يوسف، ٣١).

٣. تؤدي الملائكة واجبات العبادة التي تناط بها، وتتصف بالطاعة المطلقة وأنهم لا يعصون الله تعالى ويفعلون ما يؤمرون به، ولا يسبقونه بالقول سبحانه امتثالا وتسليما بعبوديته.

٤. ومن أهم وظائف الملائكة أنهم يبلغون رسالات الله تعالى إلى الأنبياء والرسل، قَالَ تَعَالَى: ﴿ أَوْ يُرْسِلَ رَسُولًا فَيُوحِيَ بِإِذْنِهِ مَا يَشَاءُ ﴾ (الشورى، ٥١)، أي رسـولا مـن الملائكة، وهي حالة من حالات الوحي الثلاث؛ وهي أن الوحي قد يكون بلا رسول أو يكون بالإلهام الإلهي للموحى إليه أو يكون بوساطة إسماع الكلام الإلهي دون معرفة الموحى إليه صورة المتكلم، وهذه الحالات الثلاث تجمعها الآية قَالَ تَعَالَى: ﴿ وَمَا كَانَ لِبَشَرٍ أَن يُكَلِّمَهُ اللَّهُ إِلَّا وَحْيًا أَوْ مِن وَرَآئِ حِجَابٍ أَوْ يُرْسِلَ رَسُولًا فَيُوحِيَ بِإِذْنِهِ مَا يَشَاءُ إِنَّهُ عَلِيٌّ حَكِيمٌ ﴾ (الشورى، ٥١).

المبحث الخامس
الإيمان بالكتب السماوية

إن رسالة الرسل صلوات اللـه عليهم لا تنهض إلا بوحي يوحى إليهم من اللـه تعالى، وعادة ما تمثل التعاليم الإلهية الموحى بها كتبا سماوية، ولا يستقيم إيمان المسلم إلا بالاعتقاد الجازم بالكتب المنزلة من اللـه تعالى ﴿ قُولُوٓاْ ءَامَنَّا بِٱللَّهِ وَمَآ أُنزِلَ إِلَيۡنَا وَمَآ أُنزِلَ إِلَىٰٓ إِبۡرَٰهِـۧمَ وَإِسۡمَٰعِيلَ وَإِسۡحَٰقَ وَيَعۡقُوبَ وَٱلۡأَسۡبَاطِ وَمَآ أُوتِيَ مُوسَىٰ وَعِيسَىٰ وَمَآ أُوتِيَ ٱلنَّبِيُّونَ مِن رَّبِّهِمۡ لَا نُفَرِّقُ بَيۡنَ أَحَدٖ مِّنۡهُمۡ وَنَحۡنُ لَهُۥ مُسۡلِمُونَ ﴾ (البقرة، ١٣٦).

ومن هنا فإن الإيمان بالكتب السماوية يقتضي الأمور التالية:

١. الاعتقاد الجازم بأن اللـه تعالى أنزل الكتب على رسله دون تفريق بينها أو الإنكار لبعضها أو بعض ما جاء فيها.

٢. الاعتقاد الجازم بأن اللـه تعالى أنزل القرآن على محمد صلى اللـه عليه وسلم، وأنه محفوظ من التحريف ولا يأتيه الباطل من بين يديه ولا من خلفه، وأن اللـه تعالى أنزل الإنجيل على عيسى عليه السلام، والتوراة على موسى عليه السلام، والزبور على داود عليه السلام، وهنا ينبغي الإشارة إلى وجوب عدم الإيمان بأية تحريفات أدخلها اليهود والنصارى من بعد على هذه الكتب الثلاثة، كما أن اللـه تعالى أنزل الصحف على

إبراهيم عليه السلام ولكن الإيمان بالصحف لا يقتضي معرفة أصولها لأنها غير موجودة الآن ويكون الإيمان بصحة نزولها وبشكل إيماني لا تفصيلي كالقرآن الكريم.

٣. الكتاب السماوي دستور أخلاقي وتشريعي يشمل جميع قضايا المجتمع، ولا يجوز التفريق بين الأحكام التعبدية والقضائية والاقتصادية وكل ما يتعلق بجوانب السياسة الشرعية والاجتماعية لأنها موحى بها من الله تعالى، أي وجوب الإيمان بكل ما تضمنه الكتاب المنزل والعمل بما جاء به.

٤. القرآن الكريم هو الكتاب السماوي الوحيد الذي تعهد الله تعالى بحفظه، وينتج عن ذلك:

- القرآن الكريم لا يقبل التحريف ولا التبديل ﴿ لَّا يَأْتِيهِ ٱلْبَٰطِلُ مِنۢ بَيْنِ يَدَيْهِ وَلَا مِنْ خَلْفِهِۦ ۖ تَنزِيلٌ مِّنْ حَكِيمٍ حَمِيدٍ ﴾ (فصلت، ٤٢)
- القرآن الكريم امتداد لحياة الرسول صلى الله عليه وسلم بعد موته لأنه يحمل دعوة التوحيد ورسالة الإسلام وهي خاتمة الرسالات جميعا.
- القرآن الكريم هو كتاب سماوي دعوته عالمية لأن حفظه يعني عدم نزول كتاب بعده وأنه موجه للناس جميعا، وبعد نزوله لا يصح إيمان الناس إلا به.
- القرآن الكريم مهيمن على الكتب السماوية الأخرى لأن الحفظ يعني استدامة وجوده وبقائه بعد تحريف الكتب الأخرى.

المبحث السادس
الإيمان بالأنبياء والرسل

إن طبيعة الامتحان الدنيوي في اختيار إرادة الإنسان ومدى توجيه هذه الإرادة في أعمال الخير اقتضى وجود رسل يبعثهم الله تعالى لتبليغ الأحكام والتعاليم الإلهية. وإن تبليغ كلام الله تعالى لا يتم إلا بالصورة التي وجد عليها لأن منطق التفكير العقلي لا يسمح بأن يكون التبليغ من الله تعالى جهرة حيث أن طبيعة الإنسان وقدرته على الاتصال محدودة في إطار بشريته الناقصة من جهة، ومخالف لفكرة الامتحان ووجود مؤمنين وكافرين سواء بسواء من جهة أخرى، وذلك أن التلقي جهرة وعلانية من الله تعالى لا يترك للمعاندين أي مجال للجحود والإنكار.

ومن هنا فإن ثمة شروط ينبغي توافرها في الرسول:

١. الرسول من البشر، موافق في طبيعته الخلقية لطبيعة الإنسان الذي خلقه الله تعالى عليها من تراب وطين، وهنا تكون عملية التلقي من الرسول ملائمة فطريا وعقليا ومنسجمة مع وجود الرسول بين ظهراني قومه وتفاعله معهم قَالَ تَعَالَىٰ: ﴿ قُلْ إِنَّمَآ أَنَا۠ بَشَرٌ مِّثْلُكُمْ ﴾ (الكهف، ١١٠).

٢. الرسول ليس بالضرورة أن يكون أغنى الناس لأنه يمثل قدوة للفقراء في حملهم على الصبر، ولكن الرسول أفضل الناس خلقا ويمثل الصفوة في قومه، والكمالات الخلقية التي يتصف بها الرسول عادة ما تكون

متميزة وفريدة في شخصه وذاته من أجل تحقيق القدوة الصالحة والأسوة الحسنة التي يبحث عنها من يريد الهداية وطريق الهدى.

٣. يختص الرسول قبل الرسالة بحياة اجتماعية مخالفة لمعتقدات قومه ومنهجهم في الحياة التي لا تخلو غالبا من اللهو واتباع الباطل والسجود للأصنام وارتكاب الموبقات والفواحش.

٤. ينحدر الرسول من سلالة عريقة وشريفة في النسب، ولا يدخل في نسبه شك أو لبس.

إن اختصاص الرسول بفضائل نفسية واجتماعية يسمو بها على قومه يعزز من نجاح دعوته وكمال الرسالة التي ينادي بها، وقد ظهر متنبئون يدعون النبوة في عصور متعاقبة وكان أشهرهم مسيلمة الكذاب، ولكن دعوتهم انتهت بالفشل الذريع لأنهم افتقدوا أساسا مصداقية اختيارهم من الله تعالى في أنفسهم وفي قومهم وعشيرتهم.

أهمية إرسال الرسل ووظائفهم

١. تبدو الحاجة الإنسانية أكيدة لوجود الرسول لأن الإنسان بدون منهج إلهي يتخبط في ظلمات الجهل ويمارس طقوسا وعادات اجتماعية مستندة إلى الهوى وحظوظ الذات.

٢. محاسبة الخلق يوم الجزاء بعد إقامة الحجة عليهم بإرسال الرسل قَالَ تَعَالَى: ﴿ وَمَا كُنَّا مُعَذِّبِينَ حَتَّىٰ نَبْعَثَ رَسُولًا ﴾ (الإسراء، ١٥)، ﴿ رُّسُلًا مُّبَشِّرِينَ وَمُنذِرِينَ لِئَلَّا يَكُونَ لِلنَّاسِ عَلَى اللَّهِ حُجَّةٌ بَعْدَ الرُّسُلِ ﴾ (النساء، ١٦٥).

٣. الإنسان بحاجة لمعرفة طرق الخير والشر والهدى والضلالة، ولا يستقيم أمره في تحديد مصالحه من الخير والهدى إلا بإرسال الرسل الذين يبلغون عن الله تعالى.

٤. والإنسان يجهل عالم الغيب كالجنة والنار والبعث لأن عالمه محدود بحواسه القاصرة، وهنا تظهر أهمية دور الرسل بالدعوة والإرشاد وحسن التبصير، والثواب والعقاب، والبلاغ والإنذار لتقويم السلوك وتهذيب الأخلاق طمعا في تحقيق المثوبة يوم الجزاء والفوز بدار النعيم.

٥. يمثل الرسل قدوة صالحة في مجتمعاتهم تعزز من مصداقيتهم وتنير طريق الحيارى التائهين من البشر ﴿ لَّقَدْ كَانَ لَكُمْ فِي رَسُولِ ٱللَّهِ أُسْوَةٌ حَسَنَةٌ لِّمَن كَانَ يَرْجُوا۟ ٱللَّهَ وَٱلْيَوْمَ ٱلْءَاخِرَ وَذَكَرَ ٱللَّهَ كَثِيرًا ﴾ (الأحزاب، ٢١)، ﴿ قَدْ كَانَتْ لَكُمْ أُسْوَةٌ حَسَنَةٌ فِىٓ إِبْرَٰهِيمَ وَٱلَّذِينَ مَعَهُۥٓ ﴾.(الممتحنة، ٤)

الرسول محمد صلى الله عليه وسلم خاتم الرسل

لقد جاء الرسل جميعا بدعوة التوحيد والتي تهدف إلى عبادة الله تعالى وحده ونبذ الأصنام أو أية آلهة أخرى يتخذها البشر من أنفسهم ﴿ وَلَقَدْ بَعَثْنَا فِى كُلِّ أُمَّةٍ رَّسُولًا أَنِ ٱعْبُدُوا۟ ٱللَّهَ وَٱجْتَنِبُوا۟ ٱلطَّٰغُوتَ ﴾(النحل، ٣٦)، وقد كانت رسالة الإسلام آخر الرسالات جاء بها محمد صلى الله عليه وسلم رحمة للعالمين، وفي هذا الجانب تظهر عدة دلالات:

١. تقوم الرسالات على أصل واحد وهو توحيد الله تعالى، ولكنها تختلف فيما بينها في دائرة الحلال والحرام بما يتناسب مع الاختلاف في التربية والثقافة والتقدم الحضاري وطبيعة المرحلة التي يعيشها المجتمع.

٢. الرسالة الخاتمة هي أفضل الرسالات وأكملها لأنها تناسب جميع الأمم وتستوعب جميع الناس على اختلاف مشاربهم وألوانهم وأعراقهم وتصهرهم في ثقافة واحدة محيطها العالم وموضوعها الإنسان.

٣. ترتكز صحة الرسالة المحمدية على مؤيدات مختلفة تبرهن على مصداقيتها وشرعيتها، وذلك من وجوه:

- أنها دعوة خير وهداية وعدل ونور تستهدف مصلحة الإنسان وسعادته.

- ظهور المعجزات التي يؤيد الله بها الرسول في قومه، وأعظم معجزة جاء بها الرسول صلى الله عليه وسلم هي القرآن الكريم، وهو معجز في أحكامه وتشريعاته، ومعجز في حقائق الكون العلمية ومعجز في سبر أغوار النفس الإنسانية علاوة على إعجازه في البناء اللغوي والتعبيري الذي حير العرب على أن يأتوا بمثله.

- البشارات، وهي ما بشر به الرسل السابقين بدعوته ورسالته صلى الله عليه وسلم

- الغيبيات، وهي الأخبار التي جاء بها القرآن أو أخبر بها الرسول مما لم يكن في زمانه أو في محيط المجتمع العربي مما تقصر قدرة البشر على الوصول إليه.

المبحث السابع
الإيمان بالقضاء والقدر

يقصد بالإيمان بالقضاء والقدر أن يكون لدى المسلم تصور اعتقادي بشـمولية علـم الله تعالى للأشياء والمخلوقات وتأثير هـذا العلم بتلك الأشياء، ويعنـي ذلـك أن حركـة الحياة لا تتم إلا وفق العلم الإلهي والمشيئة الإلهية. وفي هذا الباب ظهرت فرقتان خـالف كل منهما مذهب أهل السنة والجماعة في تكييف هذه المشيئة البشرية مع مشيئة اللـه تعالى؛ فذهبت الفرقة الأولى وهي المعتزلة ويسمون القدرية أو نفاة القدر إلى أن مشيئة الإنسان مستقلة لا تخضع لمشيئة اللـه وقدره وأن الإنسان يخلق أفعـال نفسـه، وذهبـت الفرقة الثانية وهم الجبرية إلى سلب الإنسان إرادته وأنه مجبر على أفعاله التي يقوم بها.

إن مذهب أهل السنة والجماعة يوضح حقيقة الإيمان بالقضاء والقدر والذي يقـوم على الأصول التالية:

١. يناط بالإنسان تكليف شرعي لأنه يتمتع بكسب اختياري يجازى عليه، إن خيرا فخـير وإن شرا فشر، وبالمقابل يتمتع بكسب غير اختياري لا يجازى ولا يحاسب عليه.

٢. يخضع الكسب الاختياري في الإنسان للإرادة الحرة التي وهبها الله تعالى له، ولكن لا يتم ذلك دون علم الله تعالى أو فوق قدرته ومشيئته **قَالَ تَعَالَى:** ﴿ وَمَا تَشَآءُونَ إِلَّآ أَن يَشَآءَ ٱللَّهُ ﴾ (التكوير، ٢٩).

٣. تقدير الله تعالى وقضائه في الأشياء يخضع لحكمته وعدله، ولا يصح للإنسان مساءلة الله تعالى في ذلك ﴿ لَا يُسْئَلُ عَمَّا يَفْعَلُ وَهُمْ يُسْئَلُونَ ﴾ (الأنبياء، ٢٣). والمقادير في هذا الجانب قابلة للتغيير والتبديل حسب مشيئة الله تعالى ﴿ يَمْحُوا۟ ٱللَّهُ مَا يَشَآءُ وَيُثْبِتُ ﴾ (الرعد، ٣٩).

٤. كسب الإنسان من جهة مشيئته الذاتية مخير، ومن جهة مشيئة الله تعالى مسير، فهو مخير مسير، وليس مخير مطلقا حسب رأي المعتزلة أو مسير مطلقا حسب رأي الجبرية.

٥. لا يجوز للإنسان إتيان المعاصي مستندا إلى المشيئة الإلهية والكسب اللاإرادي لأن القضاء والقدر من الغيبيات التي حجبها الله تعالى عن عباده.

٦. لا يصدر عن الله تعالى إلا الخير المطلق، ولا ينسب الشر ـ إلى مشيئته سبحانه، لأن الشر يصدر من الكسب الاختياري للإنسان، وإذا صدر من الله تعالى فهو شر في الظاهر ولكن خير في الباطن. ومن ذلك المصائب التي تنزل بالإنسان فهي في حق المؤمنين تجري وفق أسباب حكيمة مثل ابتلاء الإنسان وتربيته، ودوام الشكر على النعم، والجزاء على الصبر وحسن اليقين والتوكل.

الفصل الثالث

العبـادة في الإسلام

وفيـه ثـلاثة مبـاحـث:

المبحث الأول: مفهوم العبادة وأهميتها وأهدافها

المبحث الثاني: خصـائص العبادة ومجالاتهـا

المبحث الثالث: آثـار العبادة وأسبـاب ضعفها

المبحث الأول

مفهوم العبـــادة

وأهميتها وأهدافها

مفهوم العبادة

هناك مفهومان للعبادة، يوضح كل منهما حقيقة العبادة وماهيتها، أحدهما لغوي والآخر اصطلاحي:

المفهوم اللغوي: يستند مفهــوم العبـادة في اللغــة علــى معنــى التــذلل والخضــوع والطاعة والانقياد، وتدل جميع هذه المعانـي علـى استكانة الإنسـان وإذعانـه لمـن يعلـوه بحيث تسقط عنه حريته واستقلاله. يقال: طريق معبد إذا كان مذللا تطؤه الأقدام[1].

المفهوم الاصطلاحي: تعرف العبادة بأنها اسم جامع لكل مـا يحبه اللـه تعالى ويرضاه من الأقوال والأعمال الظاهرة والباطنة، مع كامل المحبة والذل والخضوع، والبراءة مما ينافي ذلك ويضاده[2]. أو هي رد فعل نفسي طبيعي مـن ردود أفعـال النـفس السـوية تجاه التصورات الإيمانية[3].

---

(١) انظر لسان العرب لابن منظور، باب الدال فصل الفاء
(٢) ابن تيمية، العبودية، تعليق وتخريج محمد سعيد رسلان، طبعـة أولى، القـاهرة، مكتبـة المدينـة المنـورة، ١٤١٩هـ ص٦.
(٣) عبد الرحمن حبنكة ومحمد الغزالي، الثقافة الإسلامية، ص ١٣١.

ومن هذين التعريفين يمكن الوصول إلى بعض الحقائق حول حقيقة العبادة:

١. التذلل والخضوع المقترن بالمحبة يوصل العبد إلى أعلى درجات العبادة، لأنه يكون صادرا عن تصور إيماني متغلغل في أغوار النفس والقلب، وهذا التصور أشار إليه الرسول ﷺ بقوله:«من أعطى لله ومنع لله وأحب لله وأبغض لله فقد استكمل الإيمان»، وفي مثل هذه الحالة لا يمكن أن تنصرف العبادة إلا لله وحده لأنه سبحانه أوجد الإنسان بعد عدم وأرشده بعد ضلال وأمده بعد حرمان. وبالمقابل فإن العبادات الشركية التي تقوم على التذلل والخضوع لغير الله تعالى تكون خالية من تلك المحبة لأن المعبودات في هذه الحالة لا تضر ولا تنفع ولا تغني شيئا وليس لها من الأمر شيء، وبالتالي تكون العبادة مبتورة لا تجر على صاحبها غير الصغار والمهانة.

٢. يقع مفهوم العبادة في أربعة قطاعات أساسية تشمل حيز الأقوال والأفعال والنفس والتفكير، وكل ذلك لا يمكن تصوره أن يصدر عن إرادة غير عاقلة، ومن هذا الوجه تدخل العبادة في حيز الذكر لله تعالى بوصفه أعلى درجات العبادة، ومنه قوله تعالى:

﴿وَٱلذَّـٰكِرِينَ ٱللَّهَ كَثِيرًا وَٱلذَّـٰكِرَٰتِ أَعَدَّ ٱللَّهُ لَهُم مَّغْفِرَةً وَأَجْرًا عَظِيمًا﴾ (الأحزاب، ٣٥)، وتدخل في حيز أفعال الجوارح كالصلاة والحج والجهاد، وتدخل في حيز النفس والقلب كالحب والرجاء والخوف والإنابة، كما تدخل في حيز أفعال الذهن ومنها الفكر والتأمل وإطلاق البصيرة في عالم الملكوت.

٣. تنحصر ـ العبادة في إطار التعاليم والأحكام الشرعية وهي عبارة عن مجموعة الأوامر التي تمثل خطاب الشارع المتعلق بأفعال العباد سواء كانت هذه الأفعال قولية أو حركية أو نفسية أو ذهنية، وخطاب الشارع يقتضي ـ الحل أو الحرمة أو ما بين ذلك كالإباحة والندب والكراهة.

أهمية العبادة

ترتبط أهمية العبادة في الإسلام مـن جهـة أنها تمثل استجابة متعددة الجوانب ناشئة عـن القاعدة الإيمانية والتصورات الاعتقادية لـدى الفرد، **قَالَ تَعَالَى:** ﴿ يَـٰٓأَيُّهَا ٱلَّذِينَ ءَامَنُوا۟ ٱرْكَعُوا۟ وَٱسْجُدُوا۟ وَٱعْبُدُوا۟ رَبَّكُمْ وَٱفْعَلُوا۟ ٱلْخَيْرَ لَعَلَّكُمْ تُفْلِحُونَ ﴾ (الحج، ٧٧). وهذا يفسر ـ أن الإيمان الراسخ والتصور الاعتقادي السليم يؤدي إلى وجود رابطة مشتركة لدى الفرد تقوم على التجانس والمماثلة بين ظاهر السلوك وباطنه وأن كل ما يقوم به الفرد من هذا الوجه هـو عبادة. وتظهـر هـذه الحقيقة مـن عدة جوانب؛ فمثلا تصور الفرد وإيمانه بأن اللـه تعالى هـو المنعم والمتفضل عليه، مـن شأنه أن يحدث حالة نفسية تقضي بمحبة المنعم الذي أفاض بالإحسان والفضل، ثم يتولد عن المحبة ميل في القلب والنفس إلى الإكثار من ذكر المنعم وحسن الثناء عليه وتمجيده بما أهله وبعد ذلك تندفع الاستجابة النفسية إلى محاولة رد الجميل بالمثل مما يمنح الفرد آفاقا ومستويات تعبدية كثيرة.

ويقاس على هذه الحالة استجابة الفرد لكل صفات الكمال الإلهي من مظاهر العزة والجلال، فالله تعالى لا يضاهيه شيء في أسمائه وصفاته، وبالتالي فهو المتفرد بالعبودية المطلقة. من هنا تبرز جوانب العبودية في صور لا نهاية لها؛ ومنها أن قوة الله تعالى تزيد من تذلل الفرد وخضوعه وهو يطلب المنعة والنصرة، وغنى الله سبحانه تمنح الفرد التضرع لقضاء حوائجه ﴿ فَلْيَعْبُدُوا رَبَّ هَٰذَا الْبَيْتِ (٣) الَّذِي أَطْعَمَهُم مِّن جُوعٍ وَآمَنَهُم مِّنْ خَوْفٍ (٤) ﴾ (قريش، ٣-٤)، فالإنسان مهما وصل غناه فهو فقير لأن ملكه للأشياء ليس على الحقيقة وإنما على سبيل المجاز، والمالك الحقيقي هو الذي أوجدها وهو الله تعالى ﴿ وَاللَّهُ الْغَنِيُّ وَأَنتُمُ الْفُقَرَاءُ ﴾ (محمد، ٣٨)، ووعيد الله تعالى يحدث استجابة الخوف والرهبة كما أن وعده يولد في النفس بواعث الرغبة والرجاء، وهكذا تتوالى استجابات الفرد وردود أفعاله النفسية على وجه ينسجم فيه مع إيمانه وتصوراته الاعتقادية.

من هنا يمكن الوقوف على أهمية العبادة بالأمور الآتية:

١. تشبع العبادة في النفس الإنسانية احتياجات الفطرة وأحاسيسها وأشواقها ﴿ وَمَا لِيَ لَا أَعْبُدُ الَّذِي فَطَرَنِي وَإِلَيْهِ تُرْجَعُونَ (٢٢) أَأَتَّخِذُ مِن دُونِهِ آلِهَةً إِن يُرِدْنِ الرَّحْمَٰنُ بِضُرٍّ لَّا تُغْنِ عَنِّي شَفَاعَتُهُمْ شَيْئًا وَلَا يُنقِذُونِ (٢٣) ﴾ (يس، ٢٢-٢٣).

٢. يترقى الإنسان في استجاباته النفسية من حال إلى حال، ومن مقام إلى مقام، فتصفو عبادته مع الله تعالى في أوامره ونواهيه، وقد أشار الرسول ﷺ إلى أهمية هذا الجانب بقوله: "اعبد الله كأنك تراه فإن لم تكن تراه

فإنه يراك"، وفي هذه الحالة يستحضر العبد بإيمانه وتصوراته أن اللـه يحب ويبغض فيأتي ما يحب ويجتنب ما يبغض، ومنها أنه سبحانه يحب المتقين ولا يحب المعتدين، ويحب المحسنين ولا يحب الظالمين، وهكذا في مظاهر مختلفة على نحو ما أشار إليـه القرآن الكريم، فيستشعر العبد معية المولى سبحانه فيعظم هذا الأمر ويراقب نفسه واستجاباته وردود أفعاله على الدوام.

٣. يتوصل الفرد في إطار الترقي والصعود الروحي والعبادة الخالصة لله تعالى إلى حالة الخشية وهي حالة جامعة لكل صفات الحمد والثناء والشكر، ولما كانت العبادة الخالصة لا تنفك عن علم ومعرفة بصفات الكمال الإلهي كان العلماء والعارفون أشد الناس خشية لله تعـالى ﴿إِنَّمَا يَخْشَى ٱللَّهَ مِنْ عِبَادِهِ ٱلْعُلَمَٰٓؤُا۟ إِنَّ ٱللَّهَ عَزِيزٌ

غَفُورٌ ﴾(فاطر، ٢٨)، وواضح أنه يلزم من وجود الخشية وجود العلم ولكن لا يلزم من وجود العلم وجود حالة الخشية لأنه بالإمكان أن تظهـر عـوارض تحـول دون إحداث أية استجابات نفسية.

٤. تستوعب العبادة جميـع الأوقات في حيـاة الإنسان، فالصـلاة تتـوزع علـى مـدار خمسة أوقات حتى لا تنقطـع صلـة الإنسـان بربـه جـل وعـلا، ويتـزود منهـا فـي كـل وقـت بـزاد التقـوى الـذي يلـزم الإنسـان في كل اللحظات وذلك أن كل مـا يصـدر مـن الإنسـان هـو عبـادة. ومـن جانب آخـر تنتظم العبـادة بسـبب أهميتها كل المخلوقات من إنسان وحيوان ونبات وجماد.

أهداف العبادة

إن اتساع رقعة العبادة وتنوع مكوناتها واختلاف درجاتها تؤكد وجود أهداف سامية تتناسب مع طبيعة الإنسان وقدرته الذهنية وخصوصية التكليف. وفي هذا الإطار يمكن حصر أهم أهداف العبادة في الإسلام ببعض النقاط الأساسية:

□ **صدق الله** وردت العبادة في سياق آيات قرآنية عديدة تبرهن على أن المقصود من العبادة هو المداومة على ذكر الله تعالى، وهناك جوانب عديدة تبرز فيها العبادة من جهة تأكيد معنى الذكر المستديم لله تعالى؛ ففي جانب الصلاة تتلازم العبادة مع الذكر، قَالَ تَعَالَى: ﴿ فَٱعْبُدْنِي وَأَقِمِ ٱلصَّلَوٰةَ لِذِكْرِيٓ ﴾ (طه، ١٤)، وفي آية أخرى يقــــول تعـــالى ﴿ ٱتْلُ مَآ أُوحِيَ إِلَيْكَ مِنَ ٱلْكِتَٰبِ وَأَقِمِ ٱلصَّلَوٰةَ إِنَّ ٱلصَّلَوٰةَ تَنْهَىٰ عَنِ ٱلْفَحْشَآءِ وَٱلْمُنكَرِ وَلَذِكْرُ ٱللَّهِ أَكْبَرُ وَٱللَّهُ يَعْلَمُ مَا تَصْنَعُونَ ﴾ (العنكبوت، ٤٥)، وفي جانب المساجد التي تقام فيها الصلاة تتسع أفعال الــذكر بالتســبيح، قَالَ تَعَالَى: ﴿ فِي بُيُوتٍ أَذِنَ ٱللَّهُ أَن تُرْفَعَ وَيُذْكَرَ فِيهَا ٱسْمُهُ يُسَبِّحُ لَهُۥ فِيهَا بِٱلْغُدُوِّ وَٱلْءَاصَالِ ۝ رِجَالٌ لَّا تُلْهِيهِمْ تِجَٰرَةٌ وَلَا بَيْعٌ عَن ذِكْرِ ٱللَّهِ وَإِقَامِ ٱلصَّلَوٰةِ وَإِيتَآءِ ٱلزَّكَوٰةِ يَخَافُونَ يَوْمًا تَتَقَلَّبُ فِيهِ ٱلْقُلُوبُ وَٱلْأَبْصَٰرُ ۝ ﴾ (النور، ٣٦-٣٧)، وفي الحج يختتم المسلم مناسكه بإعلان الذكر ﴿ فَإِذَا قَضَيْتُم مَّنَٰسِكَكُمْ فَٱذْكُرُوا۟ ٱللَّهَ كَذِكْرِكُمْ ءَابَآءَكُمْ أَوْ أَشَدَّ ذِكْرًا ﴾

(البقرة، ٢٠٠)، وفي الصيام تتسع أفعال الذكر بالتكبير، قَالَ تَعَالَى: ﴿ وَلِتُكَبِّرُوا۟ ٱللَّهَ

عَلَىٰ مَا هَدَىٰكُمْ وَلَعَلَّكُمْ تَشْكُرُونَ ﴾ (البقرة، ١٨٥)، وفي الجهاد يتحقق

الفلاح والنصر ـ بالثبات والذكر ﴿ يَٰٓأَيُّهَا ٱلَّذِينَ ءَامَنُوٓا۟ إِذَا لَقِيتُمْ فِئَةً فَٱثْبُتُوا۟

وَٱذْكُرُوا۟ ٱللَّهَ كَثِيرًا لَّعَلَّكُمْ تُفْلِحُونَ ﴾ (الأنفال، ٤٥)، وهكذا تتكرر صورة

الذكر في جميع الأفعال التعبدية التي يقوم بها الإنسان.

٢. تهدف العبادة إلى إيجاد شخصية إنسانية متوازنة مع الحياة ومتفاعلة مع غاية

الوجود وخلق الإنسان قَالَ تَعَالَى: ﴿ وَمَا خَلَقْتُ ٱلْجِنَّ وَٱلْإِنسَ إِلَّا لِيَعْبُدُونِ

﴾ (الذاريات، ٥٦)، ومن هنا تبرز أهمية وجود الجنة والنار أو الوعد والوعيد الإلهي

كأهداف تعبدية يراقبها الإنسان في استجاباته وردود أفعاله النفسية؛ وهي بدون

شك ترتبط بشكل وثيق مع الهدف الأول الذي توصف العبادة فيه بالذكر؛ فالرجاء

والطمع، والخوف والرهبة، هي حلقة متصلة مع الذكر تمهد لوصول العبد إلى تحقيق

أهدافه للفوز بالجنة والنجاة من النار.

٣. كل ما سبق يحقق المقصد الأسمى للعبادة وهو ابتغاء مرضاة الله تعالى.

المبحث الثاني

خصائص العبادة ومجالاتها

خصائص العبادة

هناك خصائص عديدة توضح ماهية العبادات في الإسلام وحقيقتها، ومـن هـذه الخصائص:

١. التوقيفية:

ويقصد بالعبادة التوقيفية أنها مـوحى بهـا مـن اللـه تعـالى، ويترتـب عـلى هـذه الخاصية أمور عدة:

أ. تقوم العبادة على أساس القاعدة الإيمانية، وبغير ذلك تفتقد العبادة لأهم شروط صحتها وهو الإيمان.

ب. لا يناط بالعقل البشري حق التصرف في ممارسة العبادة بأساليب وطرق مقترحة، ومـن ثـم لا يصـح تقيـيم صـحة العبـادات وإخضـاعها للعلـل العقليـة والاقـتراح بتعديلها أو تبديلها أو أية أمور أخرى.

ج. لا يصح استنباط عبادات جديدة أو طقوس حسب أهـواء البشر ـ بحجـة مواكبـة العصر ومواكبة التطور في شتى مجالات الحياة، وفي هذا المجال أشار الحديث إلى أنه "من أحدث في أمرنا هذا ما ليس منه فهو رد".

٢. الإيجابية:

ويقصد بهذه الخاصية أن العبادة تمثل استجابة طبيعية لردود الأفعال السوية الناتجة عن الفطرة، والتي تنسجم مع التصور الإيماني السليم.

٣. المرونة:

وتتعلق المرونة بجانب التكاليف الشرعية، بمعنى أنها تنسجم مع حاجات الإنسان الفطرية وتحقيق مصالحه المشروعة، والأهم أنها تتحرك في إطار ثابت يقوم على ضمان اليسر والسهولة ورفع الحرج ومراعاة قدرات الإنسان وأحواله المختلفة، وفي هذا الجانب توجد آيات عديدة تشير إلى معنى السهولة وإثبات الرخص الشرعية، ومنها قوله تعالى قَالَ تَعَالَى: ﴿ مَا يُرِيدُ ٱللَّهُ لِيَجۡعَلَ عَلَيۡكُم مِّنۡ حَرَجٖ ﴾ (المائدة، ٦)، وقوله تعالى ﴿ يُرِيدُ ٱللَّهُ بِكُمُ ٱلۡيُسۡرَ وَلَا يُرِيدُ بِكُمُ ٱلۡعُسۡرَ ﴾ (البقرة، ١٨٥).

٤. الواقعية:

وتعني أن العقيدة تتسم بدرجة عالية من الوضوح، وأنه لا توجد فيها رموز معقدة أو تكاليف شرعية من المحال تطبيقها[١]، أو تتناقض في تحقيق أهداف فطرية يرضاها العقل السليم، كما أنها تمهد للعبد الطريق الأقرب لمناجاة خالقه سبحانه دون الحاجة إلى وسيط كهنوتي كما في الديانات الأخرى، أي أن العبادة تعكس وجود صلة مباشرة

---

(١) القرضاوي، العبادة في الإسلام، الطبعة الخامسة، بيروت، مؤسسة الرسالة، ١٣٩٧هـ ص١٩٣.

بين العبد وربه، وفي ذلك يقول الله تعالى ﴿ وَإِذَا سَأَلَكَ عِبَادِى عَنِّى فَإِنِّى قَرِيبٌ أُجِيبُ دَعْوَةَ ٱلدَّاعِ إِذَا دَعَانِ فَلْيَسْتَجِيبُواْ لِى وَلْيُؤْمِنُواْ بِى لَعَلَّهُمْ يَرْشُدُونَ ﴾ (البقرة، ١٨٦).

٥. التوازن:

وهذه الخاصية تشمل جميع قطاعات الحياة، ومنها التوازن بين مصالح الدنيا ومصالح الآخرة، والتوازن بين مطالب الروح واحتياجات الجسد، والتوازن الاجتماعي بين الواجبات الفردية وحقوق الجماعة، وحتى التوازن بين السلوك الباطن والسلوك الظاهر في شخصية المسلم، ويتمثل ذلك بين أفعال القلب والاستجابات النفسية من جهة وبين أفعال الجوارح والممارسة الفعلية من جهة أخرى.

مجالات العبادة

تقع مجالات العبادة في نطاق واسع من الأفعال السلوكية للإنسان سواء كانت هذه الأفعال ظاهرة أم باطنة، وذلك بسبب أن العبادة في حقيقتها تشمل كل ما يحبه الله تعالى من تلك الأعمال كالصلاة والزكاة والحج والصيام وبر الوالدين وصلة الأرحام وصدق الحديث وما شابه ذلك، ويأتي في ذروتها الجهاد في سبيل الله تعالى، ويمكن الإشارة إلى بعض المجالات التعبدية بشيء من الإيجاز على النحو الآتي:

١. الصلاة: وفيها جوانب تعبدية عديدة، وهي تمثل سياحة روحية يعيشها الفرد على مدار يومه بعيدا مشاغل الدنيا، وينصرف اهتمام الفكر فيها

نحو تأملات وتأثرات وجدانية تتوزع بين خشوع الفكر والنفس والجسد، مثل تدبر القرآن وتعظيم الخالق والتضرع إليه والرجاء والطمع في الجنة والاستجارة من النار، وبين الحمد والتسبيح والدعاء يتغير موقف التذلل من القيام إلى الركوع حتى يصل إلى السجود وفي كل حالة لون من تمجيد الإله الأعلى صاحب العظمة، ويأتي الإيعاز بأن الله هو الأكبر للدلالة على أن كل ما دونه هو الأصغر فيعلو المسلم بعزة إيمانه على كل موجودات الدنيا الصغيرة.

٢. **الزكاة**: وهي تحقق في وجدان الفرد معنى الأمن النفسي في إطار شامل من التكافل الاجتماعي، لأن الفرد الذي يخرج عن نصيب معلوم من ثروته ليسد رمق المعوزين والفقراء يتملكه الشكر للمعطي الحقيقي وهو الله تعالى وتغمره الفرحة بالخروج من شح النفس إلى مداواة جراح الفقراء والتخفيف من معاناتهم.

٣. **الصوم**: وفيه تربية للنفس والوجدان وتهذيب أخلاق الباطن مع الله تعالى، وقد ورد في الحديث القدسي قوله تعالى "كل عمل ابن آدم له إلى الصوم فإنه لي وأنا أجزي به"، فالإمساك عن شهوات البطن والفرج تمهد للروح الانطلاق في مدارج السالكين بعيدا عن قبضة الشيطان، والذي يغزو ابن آدم من جهة ميله الغريزي نحو شهوة البطن والفرج. وفي موسم الصوم يعيش المسلم موسما حافلا بالخيرات والتجرد في عباداته علاوة على إعادة تأهيله وتربيته الإيمانية في نظام جديد يباشر من خلاله صلاة التراويح والقيام بخشوع وسكينة، وتميل نفسه إلى الإنفاق الجزيل وهو يعيش تجربة الجوع، وبعمق صلته بالله تتوثق صلته

بالأرحام، وهكذا يتسع وعاء العبادات في رمضان على نحو يشابه نشاط السوق الذي سرعان ما قام ثم انفض يربح فيه من ربح ويخسر فيه من خسر.

٤. **الحج:** وهو نوع من الخروج على ما ألفه الإنسان في حياته من السعي والضرب في مناكب الأرض إلى سعي وضرب جديد يتوحد فيه المقصد للناس جميعا، وهو الطواف حول القبلة التي هي ملاذ كل عابد، كما أنه السعي بين شعيرتين، والوقوف بعرفات، والإفاضة إلى مزدلفة، والمبيت بمنى وكلها مواطن يعيشها المسلم متذللا على أعتاب ربه، يلبي ويكبر، وينحر ويطعم، ويتجرد في سفره هذا من مطامع الدنيا خلافا لأسفاره الأخرى، ويكون في مواجهة مع إبليس اللعين، ويتهيأ له أن يرجمه في ثلاث عقبات معبرا عن كفره بالطواغيت، وفي كل منسك من المناسك يستشعر المسلم حكمة عظيمة وفوائد جليلة، وكل ذلك يدفع المؤمن إلى المزيد من التقوى والعبادة، وفيه يقول المولى سبحانه ﴿ لَن يَنَالَ ٱللَّهَ لُحُومُهَا وَلَا دِمَآؤُهَا وَلَٰكِن يَنَالُهُ ٱلتَّقْوَىٰ مِنكُمْ ﴾ (الحج، ٣٧).

٥. **الجهاد في سبيل الله:** وهو ذروة سنام الإسلام، ويتخذ صورا عديدة تمتد من الجهاد بالكلمة الطيبة ونشر الحق والدعوة للالتزام بالفضيلة وحتى مقارعة الكفار وقتالهم لإعلاء كلمة الله في الأرض، وقد رفع القرآن من منزلة المجاهدين بقوله تعالى ﴿ وَلَا تَحْسَبَنَّ ٱلَّذِينَ قُتِلُوا۟ فِى سَبِيلِ ٱللَّهِ أَمْوَٰتًۢا ۚ بَلْ أَحْيَآءٌ عِندَ رَبِّهِمْ يُرْزَقُونَ ﴾ (آل عمران، ١٦٩).

٦.   وهناك صور لا تحصى للعبادة لأن كل ما يقوم به المسلم مع النية الطيبة التي يقصد
فيها وجه الله تعالى هو عبادة، ومجالات العبادة "تسع الحياة كلها من أدب الأكل
والشرب وقضاء الحاجة إلى بناء الدولة وسياسة الحكم وسياسة المال وشؤون
المعاملات والعقوبات وأصول العلاقات الدولية في السلم والحرب"[١]، وفي هذا الجانب
يقول سيد قطب "ليس في التصور الإسلامي نشاط لا ينطبق عليه معنى العبادة، أو لا
يطلب تحقيق هذا الوصف والمنهج الإسلامي كله غايته تحقيق معنى العبادة أولا
وأخيرا"[٢].

---

(١) القرضاوي، العبادة في الإسلام، ص٥١.
(٢) سيد قطب، خصائص التصور الإسلامي، ص١٣١.

المبحث الثالث

آثار العبادة وأسباب ضعفها

آثار العبادة

في ضوء فلسفة العبادة وأهدافها تتحقق مصالح عظيمة على مستوى الفرد
والجماعة، وأهمها:

١. تسهم العبادة في تحقيق السعادة القصوى للإنسان لأن العبادة سلوك فطري من
أوصاف الإنسان التي تقوم على السمو والكمال.

٢. تصقل العبادة الانفعالات النفسية للفرد وتحررها من أوهاق الدنيا فتكون في حالة
إيمانية سامية، وتظهر هذه الحالة في علاقة الفرد مع غيره من خلال آداب وقيم
وأخلاق تصفو بها نفسه وتسمو فيها روحه، فيتحقق للفرد حالة من الرضا النفسي
العام الذي تتحرك معه الانفعالات بشكل لا يقبل التنافر أو الاختلاف.

٣. تحقق العبادة للإنسان ما يصبو إليه من مصالح عاجلة في الدنيا بحسب طاعته
لخالقه سبحانه، وبالمقابل يتحمل الفرد تبعات تهاونه أو إنكاره للعبادة أصلا، ومن
هنا فقد رتب الله تعالى على سلوك الإنسان جزاء دنيويا وجزاء أخرويا، ﴿ لَّهُمْ
عَذَابٌ فِى ٱلْحَيَوٰةِ ٱلدُّنْيَا ۖ وَلَعَذَابُ ٱلْءَاخِرَةِ أَشَقُّ ۖ وَمَا لَهُم مِّنَ ٱللَّهِ مِن وَاقٍ ﴾ (الرعد،
٣٤).

٤. تخفف العبادة من المصائب والامتحانات الدنيوية التي يواجهها المؤمن بحسب إيمانه، وتظهر الردود النفسية بوصفها استجابات متوقعة لكل طارئ؛ فالتزود بالصبر والإيمان الواثق والدعاء تدل جميعها على ردود نفسية منسجمة مع قاعدة التصورات الإيمانية، وهذه القاعدة تمد المسلم بأسباب الاعتقاد الجازم بأن الله تعالى هو صاحب الأمر ﴿ وَإِلَيْهِ يُرْجَعُ ٱلْأَمْرُ كُلُّهُۥ فَٱعْبُدْهُ وَتَوَكَّلْ عَلَيْهِ ﴾ (هود، ١٢٣)، وأنه صاحب الاستجابة وهو الضار والنافع، وفي هذا الجانب تشير الآيات بقوله تعالى قَالَ تَعَالَى: ﴿ وَٱلَّذِينَ يَدْعُونَ مِن دُونِهِۦ لَا يَسْتَجِيبُونَ لَهُم بِشَيْءٍ إِلَّا كَبَٰسِطِ كَفَّيْهِ إِلَى ٱلْمَآءِ لِيَبْلُغَ فَاهُ وَمَا هُوَ بِبَٰلِغِهِۦ وَمَا دُعَآءُ ٱلْكَٰفِرِينَ إِلَّا فِي ضَلَٰلٍ ﴾ (الرعــــــد، ١٤)، ق ﴿أفتعبدون من دون الله ما لا ينفعكم شيئا ولا يضركم. أف لكم ولما تعبدون من دون الله أفلا تعقلون﴾ (الأنبياء، ٦٦-٦٧).

٥. تطبع العبادة سلوك المسلم بطابع رباني، وتهذب سيرته وسريرته بما يماشي التعاليم الربانيـــــة، قَالَ تَعَالَى: ﴿ وَلَٰكِن كُونُوا رَبَّٰنِيِّينَ بِمَا كُنتُمْ تُعَلِّمُونَ ٱلْكِتَٰبَ وَبِمَا كُنتُمْ تَدْرُسُونَ ﴾ (آل عمران، ٧٩).

٦. والعبادة تحدد الوجهة والاتجاه في حياة المسلم، وذلك أن معظم الممارسات التعبدية تؤدى على نحو جماعي خصوصا تلك العبادات التي تنزل منزلة الأركان كالصلاة والحج والصوم مما يدفع المسلم إلى تعميق شعوره بالانتماء لدينه وأمته، وكل ذلك يقع في سياق وحدة الأمة الإسلامية التي تلتقي في الدين واللغة وكل مكونات الحضارة المشتركة.

أسباب ضعف العبادة

تنشأ العبادة من علاقة وثيقة بين تصورات الفرد الإيمانية واستجاباته النفسية، وتظهر هذه العلاقة بصورة مباشرة من خلال الممارسات الفعلية وسوك الجوارح، وواضح من جراء هذه العلاقة أن العبادة تتوزع بين خضوع الجسد وخضوع النفس وخضوع العقل، وتبعا لذلك يمكن تحديد جوانب القصور وأسباب الضعف التي تطرأ على العبادات بوجه عام:

١. حدوث وهن في التصور الإيماني للفرد بحيث يتعطل معه إحداث أية قدرة على استجابة الفرد، وهذا الوهن قد يصل إلى حالة الفساد التام الذي يعطل الاستجابة النفسية ولا يتخذ أي شكل من أشكال العبادة، وقد يصل إلى حالة الفساد النسبي الذي تنشأ عنه عبادة ما ولكنها ضعيفة.

٢. عدم جاهزية النفس للتلقي والانفعال والتأثر، وينشأ ذلك عن وجهة النفس وتعلقها بمظاهر لا ترتبط بأسباب الإيمان، ومن هنا كانت أحوال النفس مختلفة؛ فمنها النفس المطمئنة ومنها النفس اللوامة ومنها النفس الأمارة بالسوء، وهناك أحوال أخرى للنفس.

٣. اكتساب تصورات معرفية جديدة تؤثر في الفطرة السوية والتصور الاعتقادي السليم، ويتأتى ذلك عن طريق التنشئة الاجتماعية في ظل ملل أخرى غير ملة الفطرة وهي ملة الإسلام، أو عن طريق الإمعان في الكفر والغلو في المعتقدات الفاسدة.

الفصل الرابع

النظام الأخـلاقي في الإسلام

وفيه ثلاثة مباحث:

المبحث الأول: مفهـوم الأخـلاق وأهميتهـا وتصنيفهـا

المبحث الثاني: أسس الأخلاق وخصائصها وطرق اكتسابها

المبحث الثالث: نماذج من القيـم الأخلاقيـة المحمـودة

الفصل الرابع
النظام الأخلاقي في الإسلام

فقد حث الإسلام على التحلي بمكارم الأخلاق وفضائلها باعتبارها أحد الأعمدة الضرورية لبناء الصرح الإنساني بكل معطياته ومقوماته، وقد تناول هذا الفصل أبعاد العلاقات الأخلاقية وصورها المختلفة في ثلاثة مباحث.

المبحث الأول
مفهــــوم الأخلاق
وأهميتها وتصنيفها

مفهوم الأخلاق:

يطلق لفظ الخلق في اللغة على الطبع والسجية^(١)، وعند العرب، الخلق هو كل ما لزم النفس من سجايا يصعب تبديلها أو تغييرها إلى وجهة أخرى. وهناك علاقة لغوية بين الخلق بالضم والخلق بالفتح من حيث

---

(١) لسان العرب لابن منظور، مادة "خلق".

إدراك كل منهما، فالخلق يدرك بالبصيرة وأما الخلق فيدرك بالبصر والمشاهدة.

ويدل معنى الخلق في الاصطلاح على «حال للنفس راسخة تصدر عنها الأفعال من غير حاجة إل فكر وروية»[1].

ومن خلال تعريف الخلق يمكن التوصل إلى بعض الاستنتاجات، ومنها:

١. يتضح أن الدلالة الاصطلاحية لمعنى الخلق هي مشتقة من الدلالة اللغوية لأن الهيئة الراسخة في النفس تكون بمثابة الطبيعة والسجية والقريحة، وهذا مما لا يسهل تغييره من حال إلى حال.

٢. يحتمل معنى الخلق كل ما يصدر عن النفس من فضائل وأحوال محمودة، كما أنه يحتمل كل ما يصدر عنها من رذائل وأحوال مذمومة. فالأخلاق المحمودة تمثل صورة الفطرة الخالصة التي لم تشوبها شائبة، بينما تمثل الأخلاق المذمومة صورة الفطرة التي انحرف صاحبها عن جادة الصواب.

٣. وتبعا لذلك تقع الأخلاق في معنى نسبي يتراوح بين كل من الأخلاق المحمودة والمذمومة بصفتهما المطلقة، ومن هنا يمكن إدراك أهمية الأخلاق التي تحلى بها الرسول ﷺ حسب ما ورد في القرآن ﴿ وَإِنَّكَ لَعَلَىٰ خُلُقٍ عَظِيمٍ ﴾ (القلم، ٤)، والمسلم مطالب باقتفاء اثر الرسول ﷺ في

---

(١) مجمع اللغة العربية، المعجم الفلسفي، القاهرة، الهيئة العامة لشئون المطابع الأميرية،١٩٧٩م، ص ٨١.

جميع أحواله وأفعاله وأقواله لأنها صورة للأخلاق المحمودة الكاملة ﴿ لَّقَدْ كَانَ لَكُمْ فِي رَسُولِ ٱللَّهِ أُسْوَةٌ حَسَنَةٌ ﴾ (الأحزاب، ٢١).

٤. هناك اختلاف بين معنى الأخلاق ومعنى الغريزة، فالغريزة لها آثار سلوكية تظهر في أحوال العبد وأفعاله، ولكنها لا توصف بأنها محمودة أو مذمومة كما هو الحال في معنى الأخلاق. فمثلا يلجأ الإنسان إلى إشباع حاجاته من الطعام بدافع غريزي عندما يشعر بالجوع، وهذا السلوك لا يحمد ولا يذم ما دام في نطاق عمل الغريزة، ولكنه يذم إذا كان الإنسان شرها في الأكل، لأن الشره فوق حد الغريزة أثر لخلق نفسي- مذموم وهو الطمع، وبالمقابل فإن الاكتفاء بالقليل من الطعام هو أثر لخلق نفسي- محمود وهو القناعة. وغريزة حب البقاء لدى الإنسان تدفعه إلى الحذر من إلقاء نفسه في التهلكة، وهذا السلوك أيضا لا يحمد ولا يذم لأنه في نطاق عمل الغريزة، ولكن الجبن أو الشجاعة خارج نطاق عمل الغريزة هو مما يذم أو يحمد حسب الحالة التي يكون عليها الشخص[١].

أهمية الأخلاق

تتضح أهمية الأخلاق في الإسلام من عدة وجوه، أهمها:

١. تقوم العلاقات الأخلاقية بين الأفراد على أسس متينة من الثقة المتبادلة، وبدون شك أن ذلك ينعكس على المجتمع إيجابيا في تعزيز صور الأمانة على جميع مستوياتها، ومنها أمانة الرجل في أهله،

(١) عبد الرحمن حبنكة وآخرون، الثقافة الإسلامية، ص ١٩٣- ١٩٤.

والراعي في رعيته، والصانع في عمله، والتاجر في متجره، وبهذا تصبح الأخلاق ضرورة اجتماعية لا تنهض حياة الأمة بدونها.

٢. تسهم الأخلاق في إيجاد قاعدة اجتماعية متماسكة وقوية في مواجهة التحديات الكثيرة التي يواجهها المجتمع المسلم، خصوصا تلك التحديات الموجهة لتفكيك القيم وقطع أواصر الناس عن دينهم وتراثهم، وهذا من شأنه أن يحمي المجتمع من الغزو الأجنبي ويقاوم كل المحاولات الهدامة في هذا المجال.

٣. تحقق الأخلاق المحمودة لأصحابها حالة من الصفاء والسعادة الروحية، وكلما ازداد الفرد في تهذيب طبائعه وتقويم سلوكه الناتج عن بواعثه النفسية فإنه يترقى في درجات السعادة من حال إلى حال، وكل ذلك بسبب أن الأخلاق في حقيقتها تمثل هيئة راسخة في النفس، ومن هنا فإن الناس تختلف مراتبهم في تحصيل السعادة باختلاف صفاء نفوسهم، فإذا انقطعت علائق النفس بحظوظ الدنيا وكان انقطاعها مطلقا، كانت مرتبة الكمال الإنساني، وهذا لا يكون إلا للأنبياء وهم صفوة الله في خلقه جعلهم الله تعالى قدوة للناس في أخلاقهم.

٤. وتختلف الأخلاق في أهميتها بحسب الحال التي يكون عليها الفرد، فالتحلي بخلق الشجاعة يعطي الفرد مهابة وقوة في أعين الآخرين، وخلق الحياء يمنع صاحبه من السقوط في الرذائل وركوب الكبائر والمعاصي، وخلق الإحسان يمنح صاحبه مراقبة الله تعالى في سره وعلانيته، وكل المعاني الأخلاقية تنطوي على أهمية كبيرة في تحقيق المقاصد النبيلة في حياة الناس.

تصنيف الأخلاق

ولما كان وعاء الأخلاق يتسع للمزيد من أعمال البر والإحسان فإنه يمكن تصنيف المكونات الأخلاقية في هذا الوعاء بحسب العلاقات والروابط المختلفة، وأهم هذه العلاقات:

١. علاقة الإنسان مع خالقه:

لقد حدد القرآن الكريم كثيرا من أوجه العلاقات الأخلاقية التي ينبغي أن يكون عليها الفرد في حاله مع الله تعالى، وكل ما ورد في إطار هذه العلاقة ينعكس خيره على الإنسان نفسه وتتحقق مصلحته العاجلة والآجلة، ومن ذلك خلق الشكر، وفيه يقول تعالى ﴿لَئِن شَكَرۡتُمۡ لَأَزِيدَنَّكُمۡ﴾ (إبراهيم، ٧)، فشكر العبد لربه فيه زيادة في الخير وينال منه المزيد من نعم الله تعالى ﴿وَمَن يَشۡكُرۡ فَإِنَّمَا يَشۡكُرُ لِنَفۡسِهِۦ﴾ (لقمان، ١٢). وخلق الدعاء يتحقق للعبد منه الاستجابة، قَالَ تَعَالَى: ﴿وَقَالَ رَبُّكُمُ ٱدۡعُونِيٓ أَسۡتَجِبۡ لَكُمۡ﴾ (غافر، ٦٠). وخلق الإيمان الصادق الذي يهتدي إليه العبد يكون له فيه هداية أخرى ﴿وَٱلَّذِينَ ٱهۡتَدَوۡاْ زَادَهُمۡ هُدٗى وَءَاتَىٰهُمۡ تَقۡوَىٰهُمۡ﴾ (محمد، ١٧). من هنا يتبين أن سائر أوجه العلاقة التي تربط العبد بربه ينبغي أن تكون مبنية على فعل الطاعات والتي بدورها تحقق استفادة قصوى للفرد لا يمكن أن تكون لها مشابهة في صور العلاقات الأخرى مع أن الله تعالى غني عن العالمين.

٢. علاقة الإنسان مع نفسه:

وهناك أخلاق محمودة عديدة يمكن للإنسان أن يعيشها مع نفسه، فمنها تربية النفس على البذل والعطاء وتفريج الكرب على الآخرين، وهذا كله من باب تطهير النفس وفيه يقول تعالى ﴿ وَمَن يُوقَ شُحَّ نَفْسِهِۦ فَأُوْلَٰٓئِكَ هُمُ ٱلْمُفْلِحُونَ ﴾ (الحشر، ٩)، ومنها استبطان النية الصالحة لأن فضائل الأعمال النبيلة تقوم على النيات الصادقة، ومنها رياضة النفس وتعويدها على الرضا والقناعة، ولعل أهم الأخلاق النفسية في هذا الجانب هي تحرير النفس من الضغائن والأحقاد الدفينة واستبدالها بالمحبة التي تذوب معها حظوظ النفس البشرية.

٣. علاقة الإنسان مع الإنسان:

وهذه العلاقة تتسع لمعان كثيرة من محاسن الأقوال والأفعال مثل الصدق الذي يمثل واحدة من علامات التقوى، قَالَ تَعَالَىٰ: ﴿ يَٰٓأَيُّهَا ٱلَّذِينَ ءَامَنُواْ ٱتَّقُواْ ٱللَّهَ وَكُونُواْ مَعَ ٱلصَّٰدِقِينَ ﴾(التوبة، ١١٩)، وخلاف الصدق هو الكذب الذي يمثل آفة الأخلاق الذميمة. ومن الأخلاق الفاضلة في علاقة الإنسان مع غيره تحري العدل وهو ميزان قامت عليه الحياة، قَالَ تَعَالَىٰ: ﴿ وَٱلسَّمَآءَ رَفَعَهَا وَوَضَعَ ٱلْمِيزَانَ ۝ أَلَّا تَطْغَوْاْ فِى ٱلْمِيزَانِ ۝ وَأَقِيمُواْ ٱلْوَزْنَ بِٱلْقِسْطِ وَلَا تُخْسِرُواْ ٱلْمِيزَانَ ۝ ﴾ (الرحمن، ٧-٩). ومنها الأمانة وحسن المعاشرة والصفح والإيثار وكلها أخلاق

فاضلة تبعد صاحبها عـن آفـات الخيانـة والمعـاشرة السـيئة والعـدوان والبغـي والبخـل وغيرها.

٤. **علاقة الإنسان مع المخلوقات الأخرى:**

تمتد قاعدة الأخلاق لتشمل كل الموجودات الأخرى غـير الإنسـان، وذلك أن الإنسـان المسلم يتفاعل مع منظومة الكون والحياة بطريقـة إيجابيـة فاعلـة. وهـذا يعنـي أن المسلم يراعي مبدأ الرحمة والشفقة في تعاملـه مـع المخلوقـات الأخـرى، وقـد أوصى الرسول ﷺ بالرحمة عند الذبح فقال «إذا قتلتم فأحسنوا القتلة وإذا ذبحتم فأحسنوا الذبحة وليحد أحدكم شفرته وليرح ذبيحته»، وكل ذلك مبني على الرفـق في المعاملـة وعدم إلحاق الأذى بكل ذي روح.

المبحث الثاني

أسس الأخــلاق

وخصائصها وطرق تحصيلها

أسس الأخلاق

تقوم الأخلاق على أسس ثلاثة؛عقلية، وفطرية، وإيمانية[1]:

أولا- الأسس العقلية:

إن العقـل منـاط التكليـف للإنسـان في سـائر الأعـمال القوليـة والفعليـة، وبمـا أن الأخلاق واحدة من جملة تلك الأعمال فإنها تقع في دائـرة الأمـر والنهـي. ومـن هنـا يميـز عقل الإنسان بين صحيح الأخلاق وسقيمها، فيرضى مـا فضـل ويـترك مـا خبـث. ومرجعيـة العقل في تأييد مكارم الأخلاق واجتناب رذائل الأخلاق يدخل في منظومة الإسلام المتكاملة، والتي تحدد علاقة الإنسان بـالكون والحيـاة عـلى أسـس تنسـجم مـع القناعـات العقليـة السليمة. ويروى أن أعرابيا سئل لماذا آمنت بمحمد؟ فقال: لم يأمر بشيء وقال العقل ليتـه ما أمر، ولم ينه عن شيء وقال العقل ليته ما نهى.

وقد أوضح الإمام الغزالي منزلة العقل في تكريم الإنسـان ومـدى تـأثيره في رفعـه أو خفضه بالمقارنة مع المخلوقات الأخرى، فقال: «خلق اللـه

---

(١) عبد الرحمن حبنكة وآخرون، الثقافة الإسلامية، ص ١٩٩- ٢٠١.

الملائكة وركب فيهم العقل، ولم يركب فيهم الشهوة، وخلق اللــه البهائم وركب فيها الشهوة ولم يركب فيها العقل، وخلق ابن آدم وركب فيه العقل والشهوة، فمن غلبت شهوته عقله فالبهائم خير منه، ومن غلب عقله شهوته فهو خير من الملائكة»(١).

ثانيا- الأسس الفطرية:

وتلتقي الفطرة الســليمة مـع العقل السـليم فـي قبـول الأخـلاق أو رفضها؛ ففطـرة الإنسان على حالتها الطبيعية تميل إلى الأخـذ بـالأخلاق المحمـودة واجتنـاب الأخلاق غـير المحمودة، وكلما اتجه الإنسان نحو التخلي عـن هذه القاعـدة وعـدم التمييـز بـين فضـائل الأخلاق ورذائلها فإنه يعكس صورة للاختلال الفطري في طبيعة النفس السوية.

ثالثا- الأسس الإيمانية:

إن الإيمان سلوك ظاهر في عمل الجوارح وسـلوك بـاطن في عمل القلب، ومـا دام الإيمان جزء من الأعمال القلبية فإنه ينسجم مع اتجاه العقل والفطرة بوصفهما محركات داخلية تعمل على ضبط السلوك الأخلاقي للإنسان. وواضح أن الإيمان في صـورته الظـاهرة لا يستقيم دون الالتزام بقاعدة الأخلاق الفاضلة، لأن البـاطن إذا كـان سـليما فإنـه يعطـي ثمرة طيبة تقطفها الجوارح، وتلك الثمرة هي في حقيقتها كل ما يقتضيه الإيمان من سلوك إيجابي قائم على أساس قاعدة الأخلاق الفاضلة.

---

(١) الغزالي، مكاشفة القلوب، ص ٢١.

خصائص الأخلاق

ومن أهم خصائص الأخلاق التعبدية والشمولية والواقعية والإنسانية:

أولا- التعبدية:

إن الأعمال التي يقوم بها المسلم في الليل والنهار تدخل جميعها في معنى العبادة. وبدون شك أن هذه الأعمال تتسم بطابع أخلاقي يقوم على المقاصد الحسنة والنيات الطيبة، وهنا لا بد من الإشارة إلى أن كل فعل أخلاقي يقوم به المسلم يختلف في حكمه الشرعي بحسب النية والأهمية التي تنطوي عليه، فالأفعال الأخلاقية التي تنطوي عليها مصلحة للفرد نفسه هي عبادة ولكنها ليست كالأفعال الأخلاقية التي تستهدف مصلحة الجماعة، لأن الأفعال المستهدفة في إطار مجموع الأمة يكون خيرها متعد يخرج عن حظوظ النفس في أغلب الأحيان. ففي قوله تعالى ﴿**وآتى المال على حبه**﴾ بذل للمال مع حب التملك لهذا المال، أي مع وجود ميل قلبي للتعلق بهذا المال فإنه يتم إنفاقه في مصلحة الجماعة للشرائح التي غلب عليها الفقر والحاجة.

ثانيا- الشمولية:

تنتظم الأخلاق في الإسلام مجوعة الفضائل والخصال الحميدة سواء كانت باطنة أم ظاهرة، ومن الفضائل الباطنة تزكية العقل والروح والنفس والقلب، ويتفرع عن كل واحدة مجموعة أخرى من الفضائل فمثلا أخلاق العقل تشمل الاعتقاد والتفكير والمعرفة والحكمة وقد أشار إليها القرآن في

جميع الآيات التي تدعو إلى التفكر في عالم الملك والملكوت والتدبر في مشاهدة بديع صنع الله تعالى، وكل ذلك محله العقل.

وأما الفضائل الظاهرة فيجمعها معنى "البر" وهو معنى واسع يضم كل أوصاف الخير والفضيلة في حياة الإنسان، وقد أشار إليه القرآن بقوله تعالى ﴿ لَّيْسَ ٱلْبِرَّ أَن تُوَلُّوا۟ وُجُوهَكُمْ قِبَلَ ٱلْمَشْرِقِ وَٱلْمَغْرِبِ وَلَٰكِنَّ ٱلْبِرَّ مَنْ ءَامَنَ بِٱللَّهِ وَٱلْيَوْمِ ٱلْأَخِرِ وَٱلْمَلَٰٓئِكَةِ وَٱلْكِتَٰبِ وَٱلنَّبِيِّۦنَ وَءَاتَى ٱلْمَالَ عَلَىٰ حُبِّهِۦ ذَوِى ٱلْقُرْبَىٰ وَٱلْيَتَٰمَىٰ وَٱلْمَسَٰكِينَ وَٱبْنَ ٱلسَّبِيلِ وَٱلسَّآئِلِينَ وَفِى ٱلرِّقَابِ وَأَقَامَ ٱلصَّلَوٰةَ وَءَاتَى ٱلزَّكَوٰةَ وَٱلْمُوفُونَ بِعَهْدِهِمْ إِذَا عَٰهَدُوا۟ۖ وَٱلصَّٰبِرِينَ فِى ٱلْبَأْسَآءِ وَٱلضَّرَّآءِ وَحِينَ ٱلْبَأْسِۗ أُو۟لَٰٓئِكَ ٱلَّذِينَ صَدَقُوا۟ۖ وَأُو۟لَٰٓئِكَ هُمُ ٱلْمُتَّقُونَ ﴾ (البقرة، ١٧٧)، ويدل معنى البر في الآية على الإيمان الراسخ الذي ينتج عنه ثمرات أخلاقية عديدة مثل البذل والإنفاق والوفاء بالعهد والصبر في الشدائد والصدق في الأقوال والأفعال وكل ما يتصل بأخلاق المتقين.

ثالثا- الواقعية:

من الخصائص المهمة التي تتميز بها الأخلاق هي أنها تناسب واقع الإنسان وحياته الاجتماعية بكل مكوناتها، فمثلا الإنسان بطبعه وطبيعته لا ينفك عن ملازمة الجماعة والعيش معها. ولما كانت حياة الإنسان في مجملها لا تخلو من أحوال متنافرة ومصالح متضادة فإنه لزم النهوض ما أمكن بتلك المصالح على وجه من التعاون الذي ينعكس في نهاية الأمر على مجموع الأفراد. ومن وجه آخر يتحدد معنى الواقعية في الخطابات التشريعية التي تنظر إلى جوانب القصور والنقص الذي يعتري الإنسان مما

جعل تلك الخطابات تتسم باليسر والسهولة والرخص التي تتناسب مع مختلف الأحوال الاستثنائية مثل أحوال المرض والسفر، كما تظر هذه السهولة في إقرار حاجة الإنسان إلى المسألة إذا لزمته فاقة أو نزلت به جائحة، وهنا تتضح أهمية الخاصية التالية وهي الإنسانية.

رابعا- الإنسانية:

فقد دعت الشريعة الإسلامية إلى علاقات التراحم والإخوة بين الناس، قال تعالى "إنما المؤمنون أخوة"، وواضح أن ضرورة الاجتماع الإنساني تعكس حتمية وجود مثل هذه العلاقات لأن الإنسان تجتمع حياته مع الآخر في سائر الاحتياجات المطلوبة للنهوض بهذه الحياة، فالإنفاق في سبيل الله ضرورة أخلاقية إنسانية تمليها طبيعة التكافل والجهاد في سبيل الله ضرورة أخلاقية إنسانية تخدم مصلحة الناس جميعا للعيش بسلام في ظل شريعة السماء، وهكذا كل المكونات الأخلاقية تتخذ صبغة إنسانية تطبع تفاعلات الناس وعلاقاتهم مع بعضهم ببعض.

طرق تحصيل الأخلاق:

يخضع تقويم الأخلاق للعديد من الأساليب الاجتماعية والنفسية والتربوية، ولعل أهم تلك الأساليب ما يدخل في الوصايا الربانية والتعاليم الإلهية التي تربط علاقة الإنسان بخالقه، وبيان ذلك في النقاط المجملة التالية:

أولا- الرقابة الذاتية:

فقد أوضح القرآن أن الله تعالى يراقب الإنسان ويحصي عليه تصرفاته مهما كبرت أو صغرت، بل إن الله تعالى يعلم أخفى مما يمكن وصفه بأنه

خفي، فقال تعالى ﴿ وَإِن تَجْهَرْ بِالْقَوْلِ فَإِنَّهُ يَعْلَمُ السِّرَّ وَأَخْفَى ﴾ (طه، ٧)، أي أخفى من السر نفسه. وفي آية أخرى ﴿ عَلِمِ الْغَيْبِ لَا يَعْزُبُ عَنْهُ مِثْقَالُ ذَرَّةٍ فِي السَّمَوَاتِ وَلَا فِي الْأَرْضِ وَلَا أَصْغَرُ مِن ذَلِكَ وَلَا أَكْبَرُ إِلَّا فِي كِتَابٍ مُّبِينٍ ﴾ (سبأ، ٣)، كما أن هناك آيات تشير إلى أن الله تعالى مع الإنسان في كل أحواله، فقال تعالى ﴿ أَلَمْ تَرَ أَنَّ اللَّهَ يَعْلَمُ مَا فِي السَّمَوَاتِ وَمَا فِي الْأَرْضِ مَا يَكُونُ مِن نَّجْوَى ثَلَاثَةٍ إِلَّا هُوَ رَابِعُهُمْ وَلَا خَمْسَةٍ إِلَّا هُوَ سَادِسُهُمْ وَلَا أَدْنَى مِن ذَلِكَ وَلَا أَكْثَرَ إِلَّا هُوَ مَعَهُمْ أَيْنَ مَا كَانُوا ﴾ (المجادلة، ٧). إن استحضار الرقابة الإلهية في ضمير الفرد تدفعه إلى تهذيب سلوكه فيما يصدر منه من أفعال وأقوال، ويجتهد في دفع قوى الغضب عن نفسه لأنها أساس معظم الشرور والآفات.

ثانيا- القدوة الصالحة:

يمكن تطبيق مبدأ القدوة الصالحة من خلال القصص القرآني وسير الأنبياء والصالحين، وقد أفاض القرآني في بيان قصص الأنبياء مع أقوامهم مثل قوم نوح وعاد وثمود وقوم لوط وأصحاب الأيكة وغيرهم مما كان له الأثر في تسلية الرسول ﷺ مع قومه، ففي نهاية سورة هود جاء قوله تعالى في تأكيد هذا المعنى ﴿ وَكُلًّا نَّقُصُّ عَلَيْكَ مِنْ أَنبَاءِ الرُّسُلِ مَا نُثَبِّتُ بِهِ فُؤَادَكَ وَجَاءَكَ فِي هَذِهِ الْحَقُّ وَمَوْعِظَةٌ وَذِكْرَى لِلْمُؤْمِنِينَ ﴾ (هود، ١٢٠)، وواضح أن الثبات والصبر وتحمل أذى الآخرين هي أخلاق مثلى مكتسبة من حياة

الأنبياء، ومن هنا أشار القرآن إلى أهمية القدوة الصالحة، فقال تعالى ﴿ قَدْ كَانَتْ لَكُمْ أُسْوَةٌ حَسَنَةٌ فِي إِبْرَٰهِيمَ وَٱلَّذِينَ مَعَهُ ﴾ (الممتحنة، ٤)، وفي سورة الأحزاب ﴿ لَّقَدْ كَانَ لَكُمْ فِي رَسُولِ ٱللَّهِ أُسْوَةٌ حَسَنَةٌ ﴾ (الأحزاب، ٢١).

ثالثا- تهذيب النفس:

إن حمل النفس على ما تكره في العديد من المواقف من شأنه أن يلغي كثيرا من الحظوظ الذاتية، وذلك أن الإنسان في علاقته مع الآخرين يطلب رتبة الجاه ويسخط لنفسه، وبالتالي تتولد الشرور والآثام وتنمو بذور الأخلاق الذميمة. ومن هنا تنبع أهمية مجاهدة النفس وحملها على الطاعات وتعويدها على ملازمة التقوى والكف عن الهوى ﴿ إِن يَتَّبِعُونَ إِلَّا ٱلظَّنَّ وَمَا تَهْوَى ٱلْأَنفُسُ وَلَقَدْ جَآءَهُم مِّن رَّبِّهِمُ ٱلْهُدَىٰ ﴾ (النجم، ٢٣).

رابعا- الترغيب والترهيب:

وفي بعض الأحيان ينبغي استخدام أسلوب الزجر والتخويف الـذي يقابلـه أسلوب الطمع والرجاء، وذلك أن كثيرا من الأنفس تستجيب للعاقبة في تقويم الأفعال والسلوك. وللمثال على ذلك فإن قاعدة الأمر بالمعروف والنهي عن المنكر تعتمد بشكل أساسي عـلى الثواب والعقاب والجنة والنار والوعد والوعيد، وهي قاعدة مهمة في تبليغ الدعوة ونشر رسالة الإسلام، مـما ينتج عنه الالتزام بالأخلاق المحمودة التي يجمعها معنى الأمـر بالمعروف، كما ينتج عنه اجتناب الأخلاق المذمومة التي يجمعها معنى النهي عن المنكر.

خامسا- البيئة الصالحة:

وتشمل البيئة كل العلاقات التي تربط الشخص بـالآخرين، ومنها علاقـات الأسرة
والصحبة والجـوار والدراسـة والعمـل وغيرهـا مـن العلاقـات التـي تسـهم فـي التـأثير علـى
شخصية الفرد واكتساب أخلاق جديدة. وبـدون شـك أن علاقـات الصحبة التـي يتخذهـا
الشخص مع الآخرين بمحض إرادته تتشكل فيها الأخلاق بصورة متطابقة، حتى أن الطبـاع
تنتقل من الشخص لغيره في ضوء هذه العلاقات، وهذا بحد ذاته يؤكد على أهميـة البيئـة
الصالحة في بناء علاقات مبنية على الأخوة والتقوى. ومما يروى أن مالك بن دينار قال: لا
يتفق اثنان في عشرة إلا وفي أحدهما وصف من الآخر، وإن أجناس النـاس كأجنـاس الطـير
ولا يتفق نوعان من الطير في الطيران إلا وبينهما مناسبة، قال فرأى يومـا غرابـا مـع حمامـة
فعجب من ذلك فقال: اتفقا وليسا من شكل واحد، ثم طارا فإذا هما أعرجان، فقال: مـن
ههنا اتفقا، ولذلك قال بعض الحكماء: كل إنسان يأنس إلى شكله كما أن كل طير يطير مـع
جنسه(١).

(١) الإحياء للغزالي، ١٧٧/٢.

المبحث الثالث

نماذج من الأخلاق

وكما مر آنفا، فإن هناك أخلاق محمودة وأخرى مذمومة، وفيما يلي طائفة من أهم الأخلاق التي تشغل حياة الإنسان، وكل ما يوصف بأنه خلق محمود فإنه يقابله خلق مذموم:

الصدق:

فقد حث الإسلام على فضيلة الصدق، ويقع في سلوك الإنسان قولا وفعلا، ويعني أن الإنسان لا ينفك حاله عن الصدق أو خلافه وهو الكذب، وبسبب ذلك حذر الرسول ﷺ من التخلي عن الصدق، فقال: "عليكم بالصدق، فإن الصدق يهدي إلى البر، وإن البر يهدي إلى الجنة، وما يزال الرجل يصدق ويتحرى الصدق، حتى يكتب عند الله صديقا، وإياكم والكذب، فإن الكذب يهدي إلى الفجور، وإن الفجور يهدي إلى النار، وما يزال الرجل يكذب ويتحرى الكذب، حتى يكتب عند الله كذابا"[(١)]. وقد كان الرسول ﷺ قدوة في سيرته الصادقة حتى مع الأعداء، وكان لقبه قبل البعثة "الصادق الأمين". وبدون شك أن نطاق الصدق قولا أو فعلا واسع جدا بحيث لا تخلو حركة الإنسان من موقف ينبغي أن يكون فيه صادقا،

---

(١) متفق عليه

فمن حديث النفس والخواطر والنيات وسائر أفعـال القلـوب إلى العلاقـات التـي تربط الإنسان مع نفسه وغيره، كلها حركات إرادية لا تنفك عـن فضيلة الصـدق في حيـاة المسلم، ولعل أهم تلك العلاقات هي التي تربط الإنسان مـع ربـه، وأسـمى ذلـك صدق المعاهدة مع اللـه تعالى، وفيه قـال القرآن ﴿ مِّنَ ٱلْمُؤْمِنِينَ رِجَالٌ صَدَقُواْ مَا عَهَدُواْ ٱللَّهَ عَلَيْهِ فَمِنْهُم مَّن قَضَىٰ نَحْبَهُۥ وَمِنْهُم مَّن يَنتَظِرُ وَمَا بَدَّلُواْ تَبْدِيلًا ﴾ (الأحزاب، ٢٣).

التواضع:

إن فضيلة التواضع تجعل المسلم قريبا من قلوب الناس، وكلما ارتقى الإنسان في مكانته الدنيوية ونال العز والجاه، وكان يتحلى بخلق التواضع كـان أجـره وثوابـه أجـزل وأشد. كما أن الإنسان في أحواله التـي تشتد حاجـة العبـاد إليهـا، وخصوصـا أمانتـه علـى الرعية في أي عمل وليه على المسلمين، من الأعمال الدنيا إلى الأعمال العليـا، فإنه ينبغي أن يتحلى بخلق التواضع في قضاء حاجات المسلمين. وهنا يمكن للإنسان أن يحمل نفسـه على التواضع بالنظر إلى عاقبة أمره وأن الدنيا ليست دار قـرار، وأنـه خـرج إليهـا ولم يـك شيئا.وفي قول الأحنف بـن قيس «عجبا لابـن آدم يتكبر وقد خـرج مـن مجـرى البـول مرتين»[1]. والتواضع يقابله التكبر، والذي هو من الصفات الذميمة، وفي الحـديث: «الكبـر بطر الحق وغمط الناس»[2]،

---

(١) الإحياء للغزالي، ٣٥٨/٣.
(٢) رواه مسلم

وغمط الناس أي احتقارهم والإزراء بهم واستصغارهم[1]. ومن التكبر في الأقوال التنطع في الكلام، أي التنطع فيه، وقد حذر الرسول ﷺ من هلاك المتنطعين، وهم المتعمقون المغالون في الكلام الذين يتكلمون بأقصى حلوقهم تكبرا. وأما التكبر في الأفعال فإنه أشد نكالا، يقول الشيخ محمد الغزالي: «معاصي القلوب أخطر من معاصي الجوارح، فالكبر شر من السكر، وإن كان الشارع عجل عقوبة السكارى، إلا أنه أرجأ المستكبرين ليوم تطؤهم فيه الأقدام، والسر أن السكران يتناول ما يضره وحده، أما المتكبر فهو يجتاح حقوقا ويظلم مستضعفين»[2].

الكرم:

إن تجرد المسلم عن حظوظ الدنيا يمثل أحد ثمرات الكرم والجود، وأهم صوره البذل والعطاء والرفق بالمحتاجين، ومن هنا تأتي أهمية الالتزام بالطاعات، ومنها الإنفاق على النفس والأهل وذي القربى، وقد ذم القرآن البخل الذي يتناقض مع أخلاق المسلم في دفع حاجة الآخرين، فقال تعالى: ﴿ وَمَن يُوقَ شُحَّ نَفۡسِهِۦ فَأُوْلَٰٓئِكَ هُمُ ٱلۡمُفۡلِحُونَ ﴾ (الحشر، ٩)، وفي آية أخرى ﴿ وَلَا يَحۡسَبَنَّ ٱلَّذِينَ يَبۡخَلُونَ بِمَآ ءَاتَىٰهُمُ ٱللَّهُ مِن فَضۡلِهِۦ هُوَ خَيۡرٗا لَّهُمۖ بَلۡ هُوَ شَرّٞ لَّهُمۡۖ سَيُطَوَّقُونَ مَا بَخِلُواْ بِهِۦ يَوۡمَ ٱلۡقِيَٰمَةِ ﴾ (آل عمران، ١٨٠).

ومع أن الرسول ﷺ كان أجود من الريح المرسلة، وأنه لم يترك درهما ولا دينارا، وقد توفي ودرعه مرهونة عند أحد اليهود، إلا أنه كان رفيقا حتى بالبخلاء

---

(١) لسان العرب، باب الغين، فصل الطاء.
(٢) الشيخ محمد الغزالي، مشكلات في طريق الحياة الإسلامية، ص ١١٧.

توسعة عليهم ومراعاة لأحوال أنفسهم الضعيفة، وفي الحديث " إذا طبخت مرقة فأكثر ماءها"، قال العلماء: نبه بذلك على تيسير الأمر على البخيل تنبيها لطيفا، وجعل الزيادة فيما ليس له ثمن وهو الماء، ولذا لم يقل: لإذا طبخت مرقة فأكثر لحمها، إذ لا يسهل ذلك على كل احد[1]

الكلمة الطيبة:

إن الإنسان لا يستقيم خلقه بحال ما لم يجري لسانه على الكلمة الطيبة، وهي الكلمة التي تجمع فضائل أخلاقية عديدة، ومنها العفو والصفح، ومداراة السفهاء، ودرء الخصومة، والرد بالكلمة التي وصفها القرآن "بالتي هي أحسن" فقال تعالى ﴿ٱدۡفَعۡ بِٱلَّتِي هِيَ أَحۡسَنُ ٱلسَّيِّئَةَۚ نَحۡنُ أَعۡلَمُ بِمَا يَصِفُونَ ﴿٩٦﴾﴾(المؤمنون،٩٦) يقول صاحب الظلال في تأثير الكلمة الطيبة: "ينقلب الهياج إلى وداعة، والغضب إلى سكينة، والتبجح إلى حياء، على كلمة طيبة، ونبرة هادئة، وبسمة حانية في وجه هائج غاضب متبجح مفلوت الزمام!»[2] وقد كان الرسول ﷺ أسوة حسنة في دماثة الخلق، وفي صفته ﷺ: «دمث ليس بالجافي»[3]. وفي الحديث«اتق الله حيثما كنت، واتبع الحسنة السيئة تمحها، وخالق الناس بخلق حسن».

(١).تفسير القرطبي، ١٨٦/٥.

(٢) في ظلال القرآن، ٣١٢١/٥.

(٣) أي أنه كان لين الخلق في سهولة، وأصله من الدمث. وهي الأرض اللينة السهلة الرخوة. انظر: لسان العرب: مادة "دمث".

وهناك أخلاق كثيرة توصف بأنها أخلاق حميدة، ولكن لكل شيء ضده، ففـي حالـة عدم التحلي بالخلق الجميل من قول أو فعل، فإنه يحل محله ما يوصف بالخلق الـذميم، ومن ذلك الحقد والمكر وتحقير الآخرين والعـداوة والنفـاق والنميمـة والمخادعـة والريـاء وترويج إشاعة السوء وكل ما يجري مجراه.

الفصل الخامس

النظام الاقتصادي

في الإسلام

وفيه أربعة مباحث:

المبـحث الأول: مفهوم الاقتصاد الإسلامـــي

المبحث الثاني: خصائص الاقتصاد الإسلامي

المبحث الثالث: العمل في الإسلام

المبحث الرابع: الملكية في الإسلام

الفصل الخامس
النظام الاقتصادي في الإسلام

إن الإسلام دين سماوي ينتظم جميع جوانب الحياة المختلفة، السياسية والعسكرية والاجتماعية، كما ينتظم الجانب الاقتصادي خصوصا في زواياه التشريعية ومنهجه في معالجة الحياة الاقتصادية للمجتمع. ويتضمن هذا الفصل أبرز الظواهر والملامح الاقتصادية من وجهة النظر الإسلامية وذلك في أربعة مباحث:

المبحث الأول

مفهوم الاقتصاد الإسلامي

يدل مفهوم الاقتصاد في اللغة على معنى التوسط والاعتدال في الشيء. يقال: فلان مقتصد في النفقة أي غير مسرف ولا مقتر، وعلى هذا يعرف الاقتصاد بأنه «رتبة بين رتبتين ومنزلة بين منزلتين»[١].

وأما في الاصطلاح فهناك تمييز للمفهوم الاقتصادي لأن الإسلام ينظر للاقتصاد وفقا لأيديولوجية معينة، إضافة إلى منهجه الخاص في معالجة الواقع الاقتصادي، وهذا يفصل بين مفهوم الاقتصاد كعلم عقلي تجريبي وبين مفهوم الاقتصاد على أساس أنه فكر عقدي ومنهج فريد في تحديد أوجه العلاقات الاقتصادية بين الأفراد.

ومن هنا توجد ثلاثة مصطلحات يدور حولها مفهوم الاقتصاد، وهي:

أولا- علم الاقتصاد:

يُعرف الاقتصاد كعلم بأنه «اكتساب الثروة والدخل، والتصرف بهما، إنفاقا واستثمارا، وفق قواعد الرشاد المستمدة من الدين والعقل»[٢]، أو هو

---

(١) العز بن عبد السلام، قواعد الأحكام في مصالح الأنام، تحقيق عبد الرؤوف سعد، طبعة ثانية، بيروت، دار الجيل، ١٩٨٠، ٢٠٥/٢.

(٢) رفيق يونس المصري، أصول الاقتصاد الإسلامي، طبعة ثانية، دمشق، دار القلم، ١٩٩٣م، ص١٩.

"العلم الـذي يتنـاول تفسـير الحيـاة الاقتصادية وأحـداثها وظواهرها وربـط تلـك الأحداث بالأسباب والعوامل العامة التي تتحكم فيها"[1].

وعلى أساس مفهوم علم الاقتصاد يمكن استنتاج بعض الملاحظات:

١. علم الاقتصاد هو علم إنسانـي يركـز على متابعة الظاهرة الاقتصادية لاستنباط القوانين التي تؤثر فيها والسنن التي تحكمها.

٢. علم الاقتصاد هو علم يـدرس الواقـع الاقتصادي دون النظر إلى الأسس الفكرية أو الأخلاقية كالعدالة الاجتماعية.

٣. وأهم ما يبحثه علم الاقتصاد هـو المشكلة الاقتصادية، وتعني في النظام الرأسمالي الندرة النسبية للموارد الطبيعية مقابل الحاجات الإنسانية، وتعني في النظام الماركسي التناقض بين شكل الإنتاج وعلاقات التوزيع، أما في الإسلام فالمشكلة الاقتصادية تتمثل في ظلم الإنسان بتوزيع الموارد وسوء استخدامها، وفي عـدم نهـوض الإنسـان بعمليـة الإنتاج والاستثمار بطريقة فعالة.

ثانيا- المذهب الاقتصادي:

إن المـذهب الاقتصـادي يقـوم عـلى مـنهج فكـري مسـتقل، يـرتبط بشـكل وثيـق بالقواعد والأصول التي مـن شـأنها تنظيـم الحيـاة الاقتصادية، ووضع الحلـول لهـا وفـق اجتهادات معينة للوصول للعدالة الاجتماعية.

ومن هنا يختلف المـذهب الاقتصادي عـن علـم الاقتصاد مـن حيث الخصوصية والعموم، ففي حين أن علم الاقتصاد لا يمثل أمة بعينها فإن

---

(١) محمد باقر الصدر، اقتصادنا، بيروت، دار الفكر، ١٩٦٨م، ص ٦.

المذهب الاقتصادي يعكس طبيعة أيديولوجية تحدد القيم والأهداف والطريقة الاقتصادية للمجتمع. فالمذهب الفردي (الرأسمالي) يهدف إلى تعظيم الأرباح والمنافع عن طريق الحرية المطلقة في نشاط السوق دون مراعاة الحقوق الأخلاقية للمجتمع، وكذلك يهدف المذهب الماركسي إلى شيوع الملكية كحل للمشكلة الاقتصادية في شكل التناقض بين الإنتاج والتوزيع.

أما المذهب الاقتصادي الإسلامي فإنه يعرف «بالطريقة الإسلامية في تنظيم الحياة الاقتصادية بما يملك من رصيد فكري وأخلاقي وعلمي اقتصادي وتاريخي»(١).

أو هو «المذهب الذي يوجه النشاط الاقتصادي، وينظمه وفق أصول الإسلام وسياسته الاقتصادية»(٢).

وواضح أن هناك فروق أساسية بين المذهب الاقتصادي الإسلامي والمذاهب الوضعية الأخرى، وأهمها:

١. المذهب الاقتصادي الإسلامي هو مذهب رباني يستمد قواعده وأصوله من القرآن والسنة النبوية خلافا للمذاهب الأخرى التي هي من صنع البشر.

---

(١) محمد باقر الصدر، اقتصادنا، ص ٩.

(٢)محمد شوقي الفنجري، المدخل إلى الاقتصاد الإسلامي، دار النهضة العربية، القاهرة، ١٩٧٢م، ص ٥٥.

٢. المذهب الاقتصادي الإسلامي يراعي مصلحة الفرد والجماعة على السواء، أما المذهب الرأسمالي فتنحصر أهدافه في مصلحة الفرد، بينما تنحصر أهداف المذهب الماركسي في مصلحة الجماعة.

٣. يراعي المذهب الاقتصادي في الإسلام منظومة الأخلاق الاجتماعية في تحصيل الأرباح والمنافع كفكرة عامة تغطي جميع أنشطة السوق.

٤. وبسبب أن المذاهب الاقتصادية الوضعية هي في الأصل نتاج للفكر الإنساني فإنها لا تصلح لكل زمان ومكان، ويتضح ذلك بشكل كبير في ظاهرة الملكية وطبيعة الحلول المقترحة للمشكلات الاقتصادية التي تخضع لتطور المجتمع خصوصا مشكلة الفقر والبطالة، أما المذهب الاقتصادي الذي حددته الشريعة الإسلامية فإنه يتصف بالثبات والشمولية ويراعي اختلافات الزمان والمكان والأحوال والأشخاص.

ثالثا- النظام الاقتصادي:

يعرف النظام الاقتصادي في الإسلام بأنه «التطبيق العملي للمبادئ والتصورات في جميع مجالات الحياة الاقتصادية كالإنتاج والاستثمار والتوزيع والتبادل والاستهلاك».

وفيما يتعلق بالمصطلحات الثلاثة لمفهوم الاقتصاد وهي العلم والمذهب والنظام، يمكن الوقوف على حقيقتين هامتين:

الأولى: أن العلم الاقتصادي محله بحث الإنسان في سلوك الأفراد والذي يتوصل إليه عن طريق الفرضيات والتجارب بحيث تقود في النهاية إلى صياغة قوانين اقتصادية تبين العلاقة بين المتغيرات المستقلة والتابعة مثل

سعر السلع والكماليات المعروضة منها أو المطلوبة، وبالتالي مستوى العرض والطلب السائد في السوق.

وواضح أن معنى علم الاقتصاد بهذا الوجه لا يدخل في أبحاث الشريعة الإسلامية بالشكل الذي يركز فيه على المذهب والنظام حيث أن المذهب الاقتصادي ينبثق من عقيدة الأمة ومبادئها، كما أن النظام الاقتصادي يمثل الوعاء التطبيقي لتلك المبادئ والأفكار العقائدية للأمة الإسلامية، ويتضح ذلك من خلال قاعدة الحلال والحرام التي تمثل حقيقة الأحكام الشرعية للنظام الاقتصادي الإسلامي.

الثانية: وبالرغم من أن الإسلام يحث على إطلاق العقل والفكر في الظواهر الطبيعية وغيرها مما يدخل في مسائل علم الاقتصاد واستنباط القوانين اللازمة لهذا العلم، فإنه لا يشكل محور اهتمامات الاقتصاد الإسلامي ومجال البحث فيه، وإنما يركز بشكل أساسي على المذهب الاقتصادي المنبثق من العقيدة الإسلامية وما يتفرع عنه من نظام اقتصادي يحدد السياسة الاقتصادية والطريقة التي ينبغي أن تكون عليها الحياة الاقتصادية، أي أنه يركز على المذهب والنظام كأحكام تشريعية مستنبطة من أدلتها التفصيلية.

ومن هنا يمكن تعريف الاقتصاد الإسلامي بأنه «**الأحكام الشرعية المتعلقة بدائرة الحلال والحرام والتي تهدف إلى إشباع الحاجات من الطيبات المشروعة**» أو هو «**بحث فيما يضمن تماسك البدن والجنس**»

المبحث الثاني

خصائص الاقتصاد الإسلامي

يتميز الاقتصاد الإسلامي عن غيره من النظم الاقتصادية بأنه من لدن حكيم خبير، ويترتب على ذلك وجود أحكام وتشريعات تضبط حقيقة الاقتصاد ودوره في حياة الإنسان، ومن هنا يختص الاقتصاد الإسلامي بخصائص فريدة، أهمها:

أولا- ملكية المال لله تعالى والإنسان مستخلف فيه:

إن الإنسان في نشاطه الاقتصادي يباشر دوره في عمارة الأرض، وهذا الدور ينبع من حقيقة استخلاف الله تعالى للإنسان في الأرض ﴿ وَإِذْ قَالَ رَبُّكَ لِلْمَلَٰئِكَةِ إِنِّي جَاعِلٌ فِي ٱلْأَرْضِ خَلِيفَةً ﴾ (البقرة، ٣٠)، ومن هذا الوجه ينحصر ـ دور الاستخلاف للإنسان في حدود شروط المستخلف، وهو الله تعالى، حيث تتمثل تلك الشروط في عمارة الحياة بما يضمن بقاء الإنسان واستمرارية الوجود الإنساني. ولما كانت مسألة الاستخلاف لا تتم إلا بحصول الإنسان على الأموال والمنافع ممثلة بالموارد على اختلاف أشكالها فإن الله تعالى استخلف هذا الإنسان كنتيجة طبيعية للاستخلاف العام في الأرض بملكية المال وحيازته. وواضح أن ملكية الإنسان للمال مجازية وليست حقيقية لأن المالك الأصلي لها هو الله تعالى ﴿ وَأَنفِقُوا مِمَّا جَعَلَكُم مُّسْتَخْلَفِينَ فِيهِ ﴾ (الحديد، ٧)، وفي آية أخرى ﴿ وَءَاتُوهُم مِّن مَّالِ ٱللَّهِ ٱلَّذِيٓ ءَاتَىٰكُمْ ﴾ (النور، ٣٣).

ثانيا- الوسطية بين مصالح الفرد ومصالح الجماعة:

لقد راعى الإسلام التزامات الفرد والواجبات المترتبة عليه في مجال الإنفاق الأسري والاجتماعي، فجاءت الأحكام التشريعية في إطار تحقيق المصالح للفرد والجماعة، قائمة على المبدأ التوازني والوسطي في إعطاء كل ذي حق حقه، ومن خلال ذلك يمارس الفرد دوره في التملك وحيازة الأموال بحرية منضبطة لا تقبل التعدي على حقوق الآخرين، وبسبب أن مصلحة الفرد أحادية وأن مصلحة المجتمع متعددة فإن الشارع أعطى الأولوية لمصلحة المجتمع على مصلحة الفرد، وذلك في حالة وقوع تعارض أو تصادم بينهما، ويترتب على مبدأ الوسطية في المصالح الاقتصادية للفرد والجماعة أن السلوك الاقتصادي للفرد هو حلقة مكملة في سلسلة المصلحة الاجتماعية العامة، وهذا لا يخرج في كل الأحوال عن كونه سلوكا مثمرا وفاعلا في بناء اقتصاد المجتمع ككل.

ثالثا- تحقيق الأهداف الاقتصادية في إطار أخلاقي:

إن المذهب الاقتصادي في الإسلام وما ينتج عنه من نظام اقتصادي ينحصر ـ في كل مراحله بالواجبات والمحرمات، ولا يخفى أن دائرة الحلال والحرام في المجال الاقتصادي أو مجال التبادل والمعاملات هي دائرة إنسانية، وتقوم هذه الدائرة على مقومات وأهداف أخلاقية بعيدا عن الفرص الذاتية التي تلحق الأذى والضرر بالنفس الإنسانية. فالفرد إذا كان منتجا فإنه لا يستطيع التعامل بإنتاج الخبائث، وهي السلع والخدمات المنهي عنها شرعا، كما أنه إذا كان مستهلكا لا يستطيع أن يشبع حاجاته منها لأنها لا تقع في دائرة الطيبات التي أمر بها الشرع، وتبعا لذلك فإن الخبائث ليست

لها أسعار في السوق ولا تعكس أية قيمة سوقية في العرض والطلب. وبدون شك أن قاعدة الأخلاق في الاقتصاد تنتظم جوانب كثيرة يصعب حصرها ولكنها تظهر بشكل أكبر في سياق التبادلات والمعاملات التي حددتها الأحكام التشريعية على أسس مختلفة؛ منها النصيحة والمصداقية والتعاون والرفق بالآخرين وتعظيم الأجر الأخروي على الأجر الدنيوي والنهوض بمصالح الفقراء ومساعدة المعسورين وغير ذلك من أحكام النظام الاقتصادي الذي يهدف في الأصل إلى تحقيق مبدأ الاستخلاف على الوجه المنشود.

رابعا- التكامل مع الأنظمة الأخرى:

تنطلق النظم الإسلامية بوجه عام من نظرة الإسلام الشاملة للكون والإنسان والحياة، وفي هذا الجانب تتكامل النظم السياسية والعسكرية والاجتماعية والاقتصادية فيما بينها كمنظومة واحدة. فمثلا يقوم الحاكم المسلم بفرض الضرائب الاقتصادية إذا لم تسد أموال الزكاة حاجة الفقراء، كما أن الفرد يؤدي دوره في الحياة الاجتماعية سواء في نطاق القرابة الواحدة أو علاقات المجتمع ككل، فيدفع من ماله لقريبه المحتاج أو يؤدي زكاة ماله لشريحة الفقراء جميعهم دون النظر إلى القريب والبعيد، وفي المجال العسكري ينهض الفرد بدوره في حالة عجز بيت مال المسلمين بالمشاركة من ماله بسد الثغور وتجهيز الجيوش وتحمل المؤونة. وعلى ذلك لا يمكن فصل النظام الاقتصادي في الإسلام عن النظم الأخرى لأنها تتداخل مع بعضها البعض ضمن شريعة ربانية واحدة.

المبحث الثالث

العمل في الإسلام

مفهوم العمل: هو كل جهد يبذله الإنسان على وجه مشروع مقابل أجر.

وفي ضوء التعريف يمكن إيراد بعض الملاحظات:

١. الجهد الذي يبذله الفرد يتوزع بين ما يقوم به الفرد مـن مجهـود عضـلي (بـدني) أو ذهني أو كلاهما.

٢. لا يعتبر الجهد عملا ما لم يكن مشروعا أي يقع في دائرة الطيبات، فكل مجهود يهدف إلى إنتاج سلع وخدمات غير طيبة (خبائث) لا يدخل في معنى العمل.

٣. وكل عمل مشروع يستحق الأجر، لأن العمل عبادة يستحق عليها العامل ثواب اللـه تعالى.

٤. الأجر الدنيوي غير مستحق إلا في سوق الطيبات، لأن إنتاج الخبائث لا يعكس أيـة قيمة في السوق.

٥. الجهد الذي تقوم به المرأة في البيت هو عمل، لأنه بديل عـن أعـمال سـوقية تعكس قيمة معينة.

أهمية العمل في الإسلام:

لقـد حـث الإسـلام عـلى العمـل والاحـتراف دون التفريـق بـين مسـتويات النـاس ودرجاتهم، وإنما الناس مسخر بعضهم إلى لبعض حسب اختلاف

الـــدرجات ﴿ وَرَفَعْنَا بَعْضَهُمْ فَوْقَ بَعْضٍ دَرَجَٰتٍ لِّيَتَّخِذَ بَعْضُهُم بَعْضًا سُخْرِيًّا ۗ وَرَحْمَتُ رَبِّكَ خَيْرٌ مِّمَّا يَجْمَعُونَ ﴾ (الزخرف، ٣٢)، وعلى أسـاس ذلك لا توجـد مهـن خسيسة أو حقيرة، لأن الأعمال المشروعة تقع جميعها في دائرة الحلال أو الطيبات، ومن وجه آخر تتكامل الأعمال مع بعضها البعض للنهوض بمصلحة المجتمع كاملة، وواضح أن الأعمال المشروعة التي يقرها الشـرع مقابل أجـر هـي محـل تكـريم وتشريـف في الـدنيا والآخرة.

ومن مظاهر أهمية العمل في الإسلام:

١. العمل عبادة يستحق أجرين، أحدهما دنيوي تحدده تفاعلات السوق والآخر أخروي يضاعفه اللـه تعالى لمن يشاء.

٢. العمل مهنة الأنبياء والمرسلين، فبالإضافة إلى رعي الأغنام الذي قام به معظم الأنبياء، فمنهم من زاول النجارة والبناء، ومنهم من زاول التجارة والحدادة وغيرها. وكـما أن العمل مهنة الأنبياء فإنه مهنة العلماء الذين سـاروا عـلى نهـج الأنبياء، وقد احترف الكثير من العلماء مهنا عديدة ومنهم مـن نسـب إلى حرفتـه مثـل الخـلال والإسكافي والقفال والخراز والسكاكيني والعطار والكسائي والوراق وغيرهم.

٣. وللعمل المشروع مكانة عظيمة في الإسلام بدلا من البطالة والسؤال والركون إلى عطاء الآخرين وصدقاتهم واحتراف التكسب بجهد الغير، وقد ورد في الحديث «لئن يأخذ أحدكم حبله فيأتي بحزمة من الحطب على ظهره فيكف بها وجهه خير له من أن يسأل الناس أعطوه أو منعوه».

٤. يعكس العمل جانب التطور الحضاري للأمة، لأن العمل هو الدعامة الأساسية لاقتصاد المجتمع، وكلما انتعش الاقتصاد وازدادت معدلات الدخول الفردية فإن المستوى العام للرفاهية الاجتماعية يزيد، وبالتالي تتحقق حالة الرخاء العام.

قيود العمل:

١.   المنفعة الإيجابية:

يهدف الجهد الذي يبذله العامل إلى إنتاج منفعة، وينبغي أن تكون المنفعة مما يعتد به شرعا حتى توصف بأنها إيجابية، أي تعود بالخير على مصلحة المجتمع الإسلامي، وهذا يعني تقييد الجهد المبذول في نطاق دائرة الحلال.

٢.   تحديد الأجر:

ينبغي أن يكون الأجر معلوما بين المتعاقدين؛ العامل ورب العمل، وفي هذا التقييد تتعين مصلحتهما في عدم إيقاع الغبن أو الظلم على أحدهما من الآخر.

٣.   الإطار الأخلاقي:

ينبغي مراعاة الشروط الأخلاقية في عملية إنتاج المنفعة، فبالإضافة إلى كون المنفعة إيجابية ومشروعة فلا يجوز أن تكون الوسيلة مخالفة للقواعد الأخلاقية لأن القاعدة الشرعية تنص على أن الوسائل آخذة حكم مقاصدها، فتكون العلاقة بين المتعاقدين واضحة وصريحة ومبنية على

الصدق والتعاون والأمانة ويكون العمل مقننا في إطار المصلحة الاجتماعية بحيث لا يلحق الضرر بمصلحة الجماعة.

٤. تدخل ولي الأمر:

ويجوز لولي الأمر أن يتدخل في سوق العمل من خلال تحديد العلاقات التي تربط هذا السوق مع الاحتياجات العامة للأفراد وتحقيق مصلحة المجتمع ككل.

المرأة والعمل:

إن الإسلام يعطي المرأة الحق الشرعي في ممارسة العمل وفقا لدورها الأساسي في الرعاية الأسرية، وانسجاما مع ما وهبها الله تعالى من ميول نفسية وغرائز مختلفة، يمكن أن تقوم من خلالها بأنشطة اقتصادية محددة.

وقد وردت الإشارة في القرآن الكريم إلى عمل المرأة والرجل معا في أربعة مواضع، وجميعها تؤكد على ضرورة توفر ثلاثة شروط في العمل تتمثل بالصلاح والإيمان والثواب، والنصوص هي:

- قوله تعالى ﴿ فَٱسْتَجَابَ لَهُمْ رَبُّهُمْ أَنِّي لَا أُضِيعُ عَمَلَ عَٰمِلٍ مِّنكُم مِّن ذَكَرٍ أَوْ أُنثَىٰ بَعْضُكُم مِّنۢ بَعْضٍ ﴾ (آل عمران، ١٩٥)

- وقوله تعالى ﴿ وَمَن يَعْمَلْ مِنَ ٱلصَّٰلِحَٰتِ مِن ذَكَرٍ أَوْ أُنثَىٰ وَهُوَ مُؤْمِنٌ فَأُوْلَٰٓئِكَ يَدْخُلُونَ ٱلْجَنَّةَ وَلَا يُظْلَمُونَ نَقِيرًا ﴾ (النساء، ١٢٤)

■ وقولـه تعـالى ﴿ مَنْ عَمِلَ سَيِّئَةً فَلَا يُجْزَىٰٓ إِلَّا مِثْلَهَا ۖ وَمَنْ عَمِلَ صَـٰلِحًا مِّن ذَكَرٍ أَوْ أُنثَىٰ وَهُوَ مُؤْمِنٌ فَأُو۟لَـٰٓئِكَ يَدْخُلُونَ ٱلْجَنَّةَ يُرْزَقُونَ فِيهَا بِغَيْرِ حِسَابٍ ﴾ (غافر، ٤٠)

■ وقوله تعالى ﴿ مَنْ عَمِلَ صَـٰلِحًا مِّن ذَكَرٍ أَوْ أُنثَىٰ وَهُوَ مُؤْمِنٌ فَلَنُحْيِيَنَّهُۥ حَيَوٰةً طَيِّبَةً ۖ وَلَنَجْزِيَنَّهُمْ أَجْرَهُم بِأَحْسَنِ مَا كَانُوا۟ يَعْمَلُونَ ﴾ (النحل، ٩٧)

تنطوي المفاهيم الثلاثة على دلالات شرعية هامة، وهي الصلاح والإيمان والثواب:

أولا- الصلاح:

إن مفهوم الصلاح يدل على كل عمل نافع، ويجب في صلاح العمل بالنسبة للمرأة مراعاة طبيعتها الأنثوية وميولها الفطرية وقدراتها الشخصية، كما يجب أن يتوافق مع القواعد الشرعية، لأن العمل من الممكن أن يكون نافعا ولكن في نفس الوقت يخالف القواعد الأخلاقية بسبب ما يفرضه على المرأة من ظروف الاستغلال والحرمان والكسب الرخيص المنهي عنه، فمثلا لا تتناسب الطبيعة الأنثوية للمرأة أن تدخل في مجال الأعمال الشاقة مثل العمل في المحاجر والمناجم وصناعة المفرقعات، كما لا يسوغ لها العمل في المحرمات مثل صناعة المشروبات ونوادي القمار والملاهي والعمل ليلا وما شابه ذلك[1].

---

(١) عبد الله مبروك النجار، الحق المبرر للمرأة في تولي الوظائف العامة، منبر الإسلام، السنة ٥٤، العدد ٣، ١٩٩٥م، ص ٥٤.

وفي المقابل تقوم المرأة بأعمال كثيرة منها التجارة، وقد كان النسوة في صدر الإسلام يقمن بأعمال تجارية، ومنهن أم المؤمنين خديجة بنت خويلد التي كانت تستأجر الرجال وتدفع لهم المال. وفي المدينة كانت بعض نساء الصحابة يتاجرن بالعطور[1]، وبعضهن يتاجرن بالتمور[2]. وإلى جانب التجارة تمارس المرأة بعض الأنشطة الحرفية والمهنية البسيطة، ومن ذلك أن أم المؤمنين زينب بنت جحش كانت تدبغ وتخرز وتتصدق به في سبيل الله[3] وكذلك أم المؤمنين سودة بنت زمعة التي كانت تعمل في صناعة الأديم (الجلد) الطائفي وهو من الصناعات المشهورة عند العرب[4]. ويمكن للمرأة أن تكتسب المعارف الخاصة والمهارات العديدة من خلال التدريب والانخراط بدورات متخصصة مما تتيحه الفرص الاجتماعية المعاصرة، والتي تماشي خطط التنمية الوطنية والبرامج المحلية، وكل ذلك يعتمد على معيار الكفاءة والأهلية مما يفاضل بين النساء، ومن ذلك ما يروى أن أمير المؤمنين عمر بن الخطاب استعمل امرأة على أحد أسواق المدينة، وولاها شؤون الحسبة ومراقبة أحوال السوق وفعالياته الاقتصادية[5].

---

(١) ابن الأثير الشيباني، أسد الغابة في معرفة الصحابة، طهران، جمعية المعارف، ١٢٨٦هـ، ٤٣٢/٥.

(٢) الخطيب البغدادي، تاريخ بغداد، بيروت، دار الكتاب العربي، د.ت.، ٩٩/١٣.

(٣) محمد بن عبد الحي الكتاني، التراتيب الإدارية، بيروت، دار إحياء التراث العربي، د. ت.، ٥٢/٢.

(٤) المصدر نفسه، ٥٧/٢.

(٥) أحمد بن سعد المجيلدي، كتاب التيسير في أحكام التسعير، تحقيق موسى لقبال، الجزائر، الشركة الوطنية للنشر والتوزيع، ١٩٧٠، ص ٤٢.

ثانيا- الإيمان:

ويعني ذلك أن تتقيد المرأة ببعض الضوابط الشرعية التي تحدد عملها في السـوق، ومن ذلك أن تتحلى بالالتزام الشرعي وأخلاق الفضيلة، فـلا تسـلك مسلك الفتنة وإثارة غرائز الرجال من خلال مظاهر التبرج والسفور، وقـد أوضح القرآن أوجه عديدة مـن الأخلاق والفضائل التي ينبغي عـلى المرأة الالتزام بها، كقوله تعالى ﴿ وَقُل لِّلْمُؤْمِنَـٰتِ يَغْضُضْنَ مِنْ أَبْصَـٰرِهِنَّ ﴾ (النور، ٣١)، وقولـه تعـالى ﴿ فَلَا تَخْضَعْنَ بِٱلْقَوْلِ فَيَطْمَعَ ٱلَّذِى فِى قَلْبِهِۦ مَرَضٌ وَقُلْنَ قَوْلًا مَّعْرُوفًا ﴾ (الأحزاب، ٣٢)، وقولـه تعـالى ﴿ وَلَا يَضْرِبْنَ بِأَرْجُلِهِنَّ لِيُعْلَمَ مَا يُخْفِينَ مِن زِينَتِهِنَّ ﴾ (النور، ٣١)

ثالثا- الثواب:

إن الثواب أو العائد الذي تحصل عليه المرأة يزيد مع العمل الصالح، وقد راعـى الإسلام مصلحة المرأة في تحقيق أجر المثل حتى في النشاط الأسري، فإن المنفعـة المتحققـة في مجال الطفولة تؤكد حق المرأة في الحصول على أجر عادل يدفعه الرجل.

العمل الأسري للمرأة والمفهوم الرأسمالي:

فبالرغم من أن الإسلام يؤكد على أهمية العمل الأسري للمرأة، والذي يشـمل سـائر الأنشطة التي تقوم بها داخل المنزل، فإن النظام الرأسمالي لا يعتبر العمل المنزلي الـذي تقوم به المرأة جزءا من حسابات العمل، ويبرر ذلك بـأن المرأة ليست عنصرا مـن قوة العمل، لأنها لا تحقق

عائدا ماديا داخل المنزل، وأنها لا تسعى إلى تعظيم الربح من خلال الخدمات التي تقوم بها، إلى جانب أن عملها المنزلي لا يتم داخل السوق، أي في نطاق عملية التبادل[1].

ويمكن تفنيد وجهة النظر الرأسمالية والرد عليها فيما يتعلق بالعمل الأسري للمرأة بالنقاط التالية:

١. فبالرغم من أن المرأة لا تسعى إلى تعظيم الربح أو المردود المادي من جراء عملها المنزلي إلا أن ذلك لا يتعارض مع كونها تحقق مردودا اجتماعيا على مستوى الأسرة والمجتمع، لأنها تقوم بضمان الرعاية المطلوبة لتحديث وتطوير اليد العاملة، وبذلك فهي تسهم في ترسيخ القيم اللازمة لنجاح العمل الاقتصادي على المدى الطويل.

٢. لا يختلف عمل المرأة الذي تقوم به سواء كان داخل البيت أو في نطاق عمليات التبادل، لأن المرأة تقوم في الحالتين بعملية إنتاج حقيقية مثل إنتاج القمح، حيث تقوم بتنقيته وطحنه وخبزه.

٣. إن عدم احتساب عمل المرأة الأسري في حسابات الدخل يمثل انحيازا لصالح اقتصاديات الدول المتقدمة بالمقارنة مع اقتصاديات الدول

---

(١) يميز النظام الرأسمالي بين ثلاثة مفاهيم وهي "العمل" ويقصد به كل جهد عقلي أو بدني يبذله الإنسان لإنتاج خدمات وسلع اقتصادية لأجل الكسب، و"قوة العمل" وهو يضم الفئات العاملة والعاطلة عن العمل أي التي تبحث عن عمل وترغب فيه وتقدر عليه، ويستثنى من العاطلين عن العمل الأطفال لأنهم لا يقدرون على العمل، والطلاب لأن حالهم أنهم لا يرغبون بالعمل، وربات البيوت لأنهن يقمن بالنشاط الاقتصادي داخل المنزل، وأما المصطلح الثالث فهو "الطاقة البشرية" ويشمل ربات البيوت لأنه يعني الحد الأمثل الممكن تحقيقه لقوة العمل، سواء كانت تمثل قوة عمل ظاهرة أو كامنة.

المتخلفة، فمثلا تقوم المرأة في الدول النامية على خدمة التنظيف وغسل الملابس على ضفاف النهر وتخزين الأطعمة والرعاية الصحية والتغذية للأطفال عن طريق الرضاعة، وكل ذلك له قيمة نقدية في نشاطات السوق، ويكون بديلا عما تقوم به المرأة العاملة في الدول المتقدمة عن طريق العمالة السوقية، مثل تنظيف الملابس وكيها وصناعات الأطعمة وإنتاج الملابس وإنتاج حليب الأطفال.

٤. يهدف النظام الرأسمالي من خلال احتساب جهد المرأة المبذول في نطاق السوق فحسب إلى تحرير المرأة من المسؤولية العائلية وتقليل هيبة الرجل في نطاق العلاقات الأسرية، ويبرهن على ذلك تلك الصيحات الكبيرة التي ينادي بها أصحاب رؤوس الأموال من أجل تحرير المرأة ومن ثم إعطائها فرص العمل وبأجور أقل من المعدلات الحقيقية.

٥. إن المناداة بتحرير المرأة من المسؤولية العائلية والدعوة للعمل في إطار السوق يعطي المزيد من المزايا المادية لأرباب الأموال من أجل ظهور صناعات جديدة داخل السوق بدلا من انحسارها داخل البيت، وبالتالي تحقيق الأرباح وزيادة الثروات.

المبحث الرابع
الملكية في الإسلام

مفهوم الملكية:

يطلق مفهوم الملكية في اللغة على معنى احتواء الشيء، والقدرة على الاستبداد بـه والتصرف فيه.

وفي الاصطلاح تعرف الملكية بأنها «حكم شرعي مقـدر في العـين أو المنفعـة يقتضي ـ تمكين من يضاف إليه من انتفاعه بالشيء وأخذ العوض عنه»[1].

نستنتج من خلال التعريف الاصطلاحي الأمور التالية:

١. أن المالك الأصلي للأشياء هو الـلـه تعالى، وإنما تكون ملكية الإنسان للأشياء على سبيل المجاز.

٢. حق التملك يثبت بإذن الشارع كسائر الحقوق الأخرى، بمعنى أن الحق لا ينـتج عـن طبائع الأشياء، وإنما هو مرهون بإذن الشارع.

٣. يفيد التعريف بأن التملك هو التمكن من الانتفاع بالشيء.

٤. وفي حالات استثنائية لا يفيد التملك معنى التمكن مـن الانتفـاع بالشيـء مثـل حالـة المحجور عليه، إذ أنه يملك ولا يتصرف، وكذلك الملكية لا

---

(١) محمد أبو زهرة، الملكية ونظرية العقد، ص ٧١.

تعني الحيازة بالمعنى الدقيق لأنه يخرج منها حالة المغصوب منه، وكل ذلك لا يخـل بالتعريف.

أسباب الملكية:

تقع أسباب التملك قي دائرتين حـددهما الإسلام بـدائرة الحـلال ودائـرة الحـرام، وبالتالي فإن أسباب التملك تكون مشروعة وغير مشروعة:

أولا- الأسباب المشروعة للتملك:

١. **العمل:**

يعد العمل أهم أسباب التملك، وقد مر آنفا أن العمل يقصد به ما يبذله الشخص من جهد على وجه مشروع، وبالتالي فإن كل جهد غير مشروع ليس عمـلا يستحق الأجر والمكافأة. ومن صور التملك التي تنشأ عن طريـق العمـل مـا يوصـف بإحراز المباحات كالحطب والصيد والغنائم وإحياء الأرض المـوات، ومـن الصـور المعروفـة للتملك عن طريق العمل كل أشكال التجارة والزراعة والصناعة، والعمل النـاتج عـن استثمار الإنسان لماله أو استثماره لجهده عند غيره ويدخل في ذلك سـائر الأعمـال المأجورة التي يستحق عليها صاحبها الأجر المكافئ لعمله.

٢. **التملك من غير عمل:**

ينتج التملك من غير عمل عن طريق أسباب مختلفة، وهي:

■ الإرث: يسمح نظام الميراث بانتقال الملكية من شخص إلى آخر بعد وفاته، وذلك من خلال ارتباطـه بـه بواسـطة حقـوق وواجبـات كالوالـدين والأبنـاء والزوجـة والأقارب.

- ولادة المملوك، مثل ثمر الشجر ونتاج الحيوان
- الوصية: وهي تمليك مضاف لما بعد الموت، ويشترط فيها أن لا تكون لوارث وأن لا تتجاوز ثلث الثروة التي يتركها الموصي. وحكمة مشروعية الوصية أن الإنسان يتمكن من الإنفاق بعد موته على من تربطهم به صلة ممن لا يرثونه، مثل الأقارب والفقراء والأصحاب، وفي هذا تأكيد لعلاقات المجتمع الإسلامي التي تقوم على أسس إنسانية
- استحقاق النفقة مثل النفقة المستحقة للوالدين والزوجة والأبناء والأقارب الفقراء
- الاستحقاق من بيت المال (الزكاة)
- الدية أو التعويض عن التالف

ثانيا- الأسباب غير المشروعة للتملك:

تنتج الأسباب غير المشروعة للتملك عن عمل منهي عنه أو عن غير عمل، وهي تنشئ صورة للتملك لا يقرها الشرع، وذلك أن العمل غير المشروع وسائر التبادلات الممنوعة شرعا لا تستحق أية مكافأة مما يلغي الحق في التملك، ومن هذه الصور المعاملات الربوية والاحتكار والقمار والسرقة والرشوة وعقود الغرر والغصب والغش ومهر البغي وحلوان الكاهن وثمن الخمر والخنزير وكل ما يتعلق بأكل أموال الناس بالباطل.

أنواع الملكية:

تقسم الملكيـة إلى ثلاثـة أنـواع، وهـي الملكيـة الخاصـة، والملكيـة العامـة، وملكيـة الدولة[1]:

أولا- الملكية الخاصة (الفردية والمشتركة):

وتعرف الملكية الخاصة بأنها الملكيـة التـي يكـون صـاحبها فـردا أو مجموعـة مـن الأفراد على سبيل الاشتراك. فالملكيـة الخاصـة تعنـي ملكيـة الأفـراد والشركات، ومنهـا أن يشترك أكثر من فرد في عقار أو أرض أو تجارة، وقـد أقـر الإسـلام هـذا النـوع مـن الملكيـة خلافا للنظام الاشتراكي، لأن الإنسان بطبيعته مجبول على حب التملك، وقد وردت الإشـارة في آيات قرآنية عديدة إلى ميل الإنسـان وحبـه للتملـك، فقـال تعـالى﴿ زُيِّنَ لِلنَّاسِ حُبُّ ٱلشَّهَوَٰتِ مِنَ ٱلنِّسَآءِ وَٱلۡبَنِينَ وَٱلۡقَنَٰطِيرِ ٱلۡمُقَنطَرَةِ مِنَ ٱلذَّهَبِ وَٱلۡفِضَّةِ وَٱلۡخَيۡلِ ٱلۡمُسَوَّمَةِ وَٱلۡأَنۡعَٰمِ وَٱلۡحَرۡثِۗ ذَٰلِكَ مَتَٰعُ ٱلۡحَيَوٰةِ ٱلدُّنۡيَاۖ وَٱللَّهُ عِندَهُۥ حُسۡنُ ٱلۡمَـَٔابِ ﴾ (آل عمران، ١٤)، كما وردت الإشارة إلى ألفظ خاصة مثل "أمـوالهم" و "أموالكم" و "لكم" ونحو ذلك مما يدل على إقرار الإسلام لتملك الإنسان.

وتجدر الملاحظة إلى أن الإنسان بوسـعه أن يتملـك الأرض، ولكـن ليسـت كـل أرض مثل الأرض الموقوفة أو المباحة أو التي تتعلق بها مصلحة

---

(١) وقد أشار بعض الفقهاء إلى نوعين من الملكية وهما الملكيـة الخاصـة والملكيـة العامـة، وقسـموا الملكيـة العامـة إلى ملكية دولة وملكية مشتركة.

المسلمين كالتي يشقها نهر كبير. وبالجملة، فإن الإسلام لا يهدف إلى التوسع في تملك الأرض كما فعل عمر بن الخطاب ﷺ في الأرض المفتوحة عنوة حيث وقفها على مجموع المسلمين لأن عرض الأرض ثابت مقابل ازدياد معدلات الخصوبة السكانية.

ثانيا- الملكية العامة (الجماعية):

وتعرف بأنها الملكية التي يكون صاحبها مجموع الأمة، أو جماعة منها، دون النظر إلى أشخاص أفرادها على التعيين[1].

فالملكية العامة هي ملكية مجموع الناس فلا يختص بها فرد أو دولة، وهي موقوفة على جماعة المسلمين، وبالتالي فهي محجوزة عن التداول والتصرف، وهذا ما يميزها عن الملكية الخاصة حيث يجوز فيها التصرف لأنها تتبع " فردا أو مجموعة من الأفراد على سبيل الاشتراك" أما الملكية العامة فتتبع"مجموع الأمة" دون تعيين أفرادها لأنهم غير معروفين.

ومن أهم صور الملكية العامة:

١. **المرافق العامة:** وتشمل البحار والأنهار والطرقات والمراعي والغابات، ولكل إنسان الحق بالانتفاع بها على الوجه المعتاد دون تخصيص فرد أو مجموعة من الأفراد بعينهم، والناس فيها سواء، ومن سبق إلى مباح فهو أولى به.

---

(١) عبد السلام العبادي، "الملكية وأنواعها في الشريعة الإسلامية"، بحث في كتاب: السياسة الاقتصادية في إطار النظام الإسلامي، وقائع ندوة رقم ٣٦، تحرير منذر قحف، ط٢، جدة، المعهد الإسلامي للبحوث والتدريب، ٢٠٠١.

٢. **الحمى:** ويقصد بأرض الحمى أن يقوم ولي الأمر بتخصيص جزء من الأرض لانتفاع عامة المسلمين، وقد حمى الرسول صلى الله عليه وسلم أرض النقيع (موضع قرب المدينة) وجعلها مرعى لخيل الجهاد، وحمى عمر بن الخطاب ﷺ أرضا بالربذة (موضع بين مكة والمدينة) وجعلها ترعى فيها سائمة الفقراء دون الأغنياء. وواضح أن الحمى ليس مباحا لجميع المسلمين ولكن هو ملك عام لا يتصرف فيه فرد ولا دولة.

٣. **الأوقاف:** وتشمل الوقف الخيري والصدقات الجارية الموقوفة على الفقراء، كما تشمل الأراضي المفتوحة عنوة ولم توزع على الغانمين،.

ثالثا- ملكية الدولة (ملكية بيت المال):

وهي الملكية التي يكون صاحبها بيت المال أو الدولة، ويجوز لولي الأمر أن يتصرف فيها بيعا وشراء وفقا للمصلحة، ويشمل بيت المال تلك الأموال المنقولة كالنقود والعروض والأموال غير المنقولة كالأراضي، أي أن بيت المال ،أو أموال الدولة، ليس صندوقا ولكنه ذمة مالية وشخصية معنوية تضم ثلاثة أنواع من بيت المال، وهي:

١. بيت مال الزكاة: ومصارفه معروفة حددتها سورة براءة[١].

٢. بيت مال المصالح: وموارده الفيء وخمس الغنيمة والخراج والجزية، ومصارفه الإنفاق على الرواتب والأجور والجسور والطرق، والإنفاق على الفقراء.

---

(١) انظر سورة براءة، الآية ٦٠.

٣. بيت مال الضوائع: وموارده من اللقطات والتركات غير الموروثة وديات القتلى ممن لا أولياء لهم، ومصارفه الإنفاق على الفقراء لتكفين موتاهم وجبر جناياتهم[1].

يتضح أن هناك فرقا بين الملكية العامة وملكية الدولة في مجالي الاستثمار والتبادل:

- فمن حيث الاستثمار فإنه لا يجوز لولي الأمر استثمار الملكية العامة إلا في المصالح العامة فحسب، ولكن يجوز له استثمار ملكية الدولة في المصالح الخاصة والعامة، ويقصد بالمصالح الخاصة أن يقوم ولي الأمر برصد أموال معينة لمصلحة الفقراء.

- وأما من حيث التبادل فلا يجوز لولي الأمر بيع الملكية العامة أو هبتها أو أي شيء يتعلق بنقلها، ويجوز له ذلك في حالة ملكية الدولة دون إلحاق الضرر بمصلحة الدولة

قيود الملكية الفردية:

١. الالتزام بالأسباب المشروعة للتملك والتي تقع في دائرة الحلال (الطيبات).

٢. تحصيل المنفعة المطلوبة دون إلحاق الضرر بالآخرين.

٣. مراعاة المصلحة العامة دون الاعتداء عليها، مثل احتكار السلع الحيوية ورفع الأسعار والتأثير غير الطبيعي على علاقات السوق.

---

(١) رفيق المصري، أصول الاقتصاد الإسلامي.

٤. الإنفاق في الوجوه المشروعة سواء كان إنفاقا استهلاكيا أو استثماريا، وقد أشار الفقهاء في تأكيد هذا المعنى إلى إمكانية الحجر على أموال الصبي والمجنون والسفيه لأن في ذلك مظنة إلى تبديد الأموال في مجالات غير مشروعة أو على نحو فيه سرف وتبذير.

٥. تقييد الإنفاق بعد موت المالك: وذلك أن ثروة الإنسان بعد موته توزع حسب قاعدة الإرث، وهذه القاعدة تخضع لأكثر من معيار يقيد طريقة التوزيع، مثل:

أ. اتساع وعاء التوزيع بحيث يشمل قاعدة عريضة وليس شخصا واحدا.

ب. إعطاء أولوية التوزيع إلى الأقرب والذي يمثل وجوده امتدادا لوجود الشخص المورث.

ج. مراعاة الحاجة، حيث أن نصيب الأولاد أكثر من نصيب الأبوين، والذكر أكثر من الأنثى.

وبالإضافة إلى الإرث يجوز للشخص أن يوصي بجزء من ثروته ولكنه مقيد في ذلك بما لا يتجاوز الثلث.

الفصل السادس

فقه الحـــرمات في الإسلام

وفيه ثلاثة مباحث:

المبحث الأول: مفهوم فقه الحرمات وفلسفته

المبحث الثاني: حقوق الجوار

المبحث الثالث: الاستئذان

الفصل السادس

فقه الحرمات في الإسلام

لقد خلق اللــه تعــالى الإنسـان وفضـله عـلى كثـير مـن الخلـق، وقـد اقتضى ـ هـذا التفضيل أن يتميز الإنسان عن غيره من المخلوقات بالعديد من الخصوصيات التـي تؤكد مثل هذا التميز، وربما يكون التشريع الإسلامي في جانب فقه الحرمات قد أعطى الأولويـة القصوى لصورة التفضيل الإنساني وحرمة الإنسان وكرامته، وهـو مـن التشريعات التـي لم تصل إليها الأنظمة والشرائع البشرية في أي زمن من الأزمنة، وقد جاء هـذا الفصـل مبينـا حقيقة التشريع الإسلامي في جانب فقه الحرمات في ثلاثة مباحث:

المبحث الأول

مفهوم فقه الحرمات وفلسفته

يعني فقه الحرمات سائر الأحكام الشرعية التي تتعلق بكل ما يمكن أن يصون حرمة حياة الإنسان، ويمكن أن يطلق عليه فقه كرامة الإنسان أو فقه حقوق الإنسان.

لقد استخلف اللـه تعالى الإنسان لعمارة الأرض، واقتضت الحكمة الإلهية أن ينهض الإنسان بهذا الدور على أساس دعامتين، وهما:

أولا- **التوحيد الخالص للـه تعالى:** وحق اللـه تعالى على العبد أن يعبده سبحانه وألا يشرك به شيئا، وأن يمتثل أوامره ونواهيه.

ثانيا- **تكريم الإنسان:** حق الإنسان في هذه الحياة هـو التكريم، فقال تعالى "﴿ وَلَقَدْ كَرَّمْنَا بَنِي ءَادَمَ وَحَمَلْنَهُمْ فِي ٱلْبَرِّ وَٱلْبَحْرِ وَرَزَقْنَهُم مِّنَ ٱلطَّيِّبَٰتِ وَفَضَّلْنَٰهُمْ عَلَىٰ كَثِيرٍ مِّمَّنْ خَلَقْنَا تَفْضِيلًا ﴾ (الإسراء،٧٠).

ينتج عن تكريم اللـه تعالى للإنسان العديد من الأحكام التشريعية التي تؤكد على أهمية المحافظة على كرامة الإنسان، ومنها:

- صيانة حياته لأجل النفخة الرحمانية فيه، والتي استحق بسببها التكريم الأول قبل أن يهبط آدم إلى الأرض، وذلك بسجود الملائكة له، فقال

تعـالى ﴿ إِذْ قَالَ رَبُّكَ لِلْمَلَـٰٓئِكَةِ إِنِّي خَـٰلِقٌۢ بَشَرًا مِّن طِينٍ ٧١ فَإِذَا سَوَّيْتُهُۥ وَنَفَخْتُ

فِيهِ مِن رُّوحِى فَقَعُوا۟ لَهُۥ سَـٰجِدِينَ ٧٢ ﴾ (ص٧١- ٧٢).

- وكما حرم اللـه حياة الإنسان ودمه وروحه فقد حرم ماله، ففي حجـة الـوداع
  قال الرسـول ﷺ "أيهـا النـاس، إن دماءكم وأمـوالكم حـرام عليكم، إلى أن تلقوا
  ربكم كحرمة يومكم هذا في شهركم هذا وفي بلدكم هذا "

- وواضح من النص السابق أن الرسـول ﷺ حـرم الزمـان في حيـاة الإنسـان صيانة
  لكرامته الإنسانية، فقوله "كحرمة يومكم هذا في شهركم هذا" يدل على تحريم
  الزمـان، وليس تحريم شهر واحـد، وإنمـا يمتد التحريم إلى أربعـة أشـهر، وهـي
  الأشهر الحرم، فقـال تعـالى: ﴿ إِنَّ عِدَّةَ ٱلشُّهُورِ عِندَ ٱللَّهِ ٱثْنَا عَشَرَ شَهْرًا

فِى كِتَـٰبِ ٱللَّهِ يَوْمَ خَلَقَ ٱلسَّمَـٰوَٰتِ وَٱلْأَرْضَ مِنْهَآ أَرْبَعَةٌ حُرُمٌ

ذَٰلِكَ ٱلدِّينُ ٱلْقَيِّمُ فَلَا تَظْلِمُوا۟ فِيهِنَّ أَنفُسَكُمْ ﴾ (التوبة، ٣٦). ويلاحظ
أن آخر العام ينتهي بأشـهر حـرم؛ وهـي ذي القعـدة وذي الحجـة، كـما أن أول
العام يبدأ بشهر حرام وهو المحرم، ففيه إشارة إلى أن تكريم الإنسان يمتد عـلى
طول العام.

- ومن جهة أخرى يلاحظ أن الأشهر الحرم وعددها أربعة أشهر تمثل ثلث الزمان،
  وأن الإسلام أحاط ما تبقى من الزمان بسياج منيع لمنع وقوع الظلم، ومنها
  رمضان المعظم.

١٣٥

- وقـول الرسـول ﷺ "وفي بلدكـم هـذا" يـدل عـلى تحريـم المكان، وليسـت مكـة المكرمة هي المكان الوحيد الذي حرمه اللــه تعـالى، فهنـاك أمـاكن كثـيرة مثـل المدينة والأقصى، وسائر أماكن العبادة. وتبعـا لـذلك فـإن كل شيء محـرم لأجـل الإنسان ومسخر لأجل الإنسان. ولا يخفى أن حرمة كرامة الإنسان أعظم عنـد اللــه تعـالى من حرمة بيته، وقد شرع اللــه تعالى للإنسان أن يدفع الظلــم عـن نفسه ولـو في الشــهر الحـرام أو المكان الحرام، فقال تعـالى: ﴿ يَسْـَٔلُونَكَ عَنِ ٱلشَّهْرِ ٱلْحَرَامِ قِتَالٍ فِيهِ قُلْ قِتَالٌ فِيهِ كَبِيرٌ وَصَدٌّ عَن سَبِيلِ ٱللَّهِ وَكُفْرٌ بِهِۦ وَٱلْمَسْجِدِ ٱلْحَرَامِ وَإِخْرَاجُ أَهْلِهِۦ مِنْهُ أَكْبَرُ عِندَ ٱللَّهِ ﴾ (البقرة، ٢١٧).

- ومن المحرم الشؤون الخاصة للإنسان مثل بيته ومسكنه، وهـذا هـو الموضوع الأساس الذي ينبغي فهمه في فقه العمران.

إذن الإسلام حرم الإنسان تحريما كاملا، وتحريم الزمان والمكان هو إمعان في تعزيـز قدسية حرمة الإنسان الـذي يتحـرك في الزمـان ويتحـرك في المكان مـن أجـل أداء رسالته الربانية في الأرض، وإن انتهاك الإنسان لحرمة الإنسان ظلمـا وعدوانا فإنـه يقـع عليـه القصاص مثـل ظلمـه، وفي الحديث "ألا وإن لكل ملك حمى ألا وإن حمى اللـه محارمه"، وحتى أن اللـه تعالى لا يغفر للظالم حتى يعفو المظلوم عنه.

مما تقدم، يمكن استنتاج أهمية حرمة الإنسان وكرامته التي اختصه اللــه تعالى بها عن سائر المخلوقات، والواقع أن أهم ما في حرمة الإنسان هو عدم الاعتداء عـلى النـفس الإنسانية، ويدخل في ذلك عموم جنس

الإنسان، فلا يجوز انتهاك حرمة الإنسان بسفك دمه أو قتله إلا بحق، وهذا التشريع الذي جاء به الإسلام من أسمى التشريعات التي عرفتها البشرية على مدى التاريخ، وحتى من أبسط حقوق الإنسان، أن لا تهدر كرامته ولو كان كافرا عند وقوعه في الأسر، بل يحسن إليه بسبب صفته الإنسانية، وهو ما صرح به القرآن في قوله تعالى "﴿

وَيُطْعِمُونَ ٱلطَّعَامَ عَلَىٰ حُبِّهِ مِسْكِينًا ﴾ (الإنسان،٨)، فمن باب أولى أن تصان نفسه وحياته وكل ما يتعلق بوجوده وخصوصيته الإنسانية.

المبحث الثاني

حقوق الجوار

لقد حث الإسلام على حسن العشرة وتكريم علاقات الناس بعضهم من بعض، ويشمل ذلك علاقات الأسرة الواحدة وذوي القربى والأرحام حتى ينتهي الأمر إلى المجتمع ككل. وفي إطار هذا المعنى يبرز حق الجوار كأصل في العلاقات التي تحتاج إلى التكافل والتعاون وحسن الصلة. وهناك أمور كثيرة تدخل في حقوق الجوار مما يتناوله هذا المبحث.

تعريف الجوار وحدوده

الجوار هو المجاورة، والجار هو الذي يجاورك، والجمع أجوار وجيرة وجيران. والجار هو الشريك في العقار والناصر والحليف والمقاسم والشريك في التجارة. والجارة: امرأة الرجل، وهو جارها[١].

أما حد الجوار فقد ذهب أهل العلم في هذه المسألة إلى أكثر من قول:

١. حد الجوار أربعون دارا من كل جانب، وهذا مذهب الأوزاعي والزهري.

٢. من سمع النداء للصلاة فهو جار.

٣. من سمع إقامة الصلاة فهو جار المسجد.

٤. من ساكن رجلا في مكان فهو جاره في ذلك المكان.

٥. وقيل من صلى الصبح معك فهو جار.

_____

(١) لسان العرب، مادة (جور).

مراتب الجوار

إن مجاورة الناس لبعضهم بعضا تقع في مراتب مختلفة منها ما هو ألصق من غيره وأولى، وتبعا لهذه المراتب تتحدد حقوق الجوار بصورة أكثر، وهذه المراتب هي:

المرتبة الأولى:

الجار القريب المسلم، وله حقوق ثلاثة؛ حق الجوار، وحق الإسلام، وحق القرابة. والقرابة هنا غير منحصرة في علاقات الرحم، لأن الجار قد يكون قريبا نسبا، أو قريبا مكانا، أو قريبا إيمانا، ومن الممكن أن يكون قريبا في العمل أو يكون قريبا في بابه. كما أن جار البادية يختلف حقه عن جار البناء الثابت، لأن جار البادية مؤقت أما جار البناء ثابت، وكل منزلة يترتب عليها حقوق متفاوتة، فقد روي عن عائشة رضي الله عنها أنها قالت: يا رسول الله إن لي جارين فإلى أيهما أهدي؟ قال إلى أقربهما منك بابا . فالقاعدة التي تحكم هذا الأصل هي "الأقربون أولى بالمعروف"

المرتبة الثانية:

الجار المسلم، وله حقان؛ حق الجوار، وحق الإسلام، وفي الآية "والجار الجنب" والجنب هو الذي ليس له قرابة أي الغريب. وكذلك يختلف في حقوقه حسب منزلته.

المرتبة الثالثة:

الجار غير المسلم وله حق الجوار. ويكون الجار في هذه الحالة على ملة أخرى أو يكون كافرا، وواضح أن الجار وإن كان كافرا فله حق، قال

القرطبي وغيره من أهل العلم: أطلقت الآيات وأطلقت الأحاديث لفظ الجار ولم

تقيده، قال تعالى:﴿ وَٱلْجَارِ ذِى ٱلْقُرْبَىٰ وَٱلْجَارِ ٱلْجُنُبِ ﴾ (النساء، ٣٦) ولم يذكر

الجار المسلم فقط، فعمت الآية ولم تخص، وقال النبيﷺ: (ما زال جبريل يوصيني

بالجار)، فعم ولم يخص، فلم يخص جارا مسلما من جار كافر. وهذا يعني أن المسلم إذا

جاور يهوديا أو نصرانيا في داره أو في سوقه أو في بستانه فعليه أن يجاوره بالمعروف

ولا يؤذه ولا ينال منه إلا خيرا.

أهمية حق الجوار

يكتسب حق الجوار في الإسلام أهمية قصوى في التشريع الإسلامي، وقد وردت

نصوص متعددة تؤكد على أهمية هذا الحق وتدعو إلى حسن المعاملة والبر والصلة بين

الجيران، ففي القرآن الكريم قوله تعالى: ﴿ وَٱعْبُدُوا۟ ٱللَّهَ وَلَا تُشْرِكُوا۟ بِهِۦ شَيْـًٔا

وَبِٱلْوَٰلِدَيْنِ إِحْسَٰنًا وَبِذِى ٱلْقُرْبَىٰ وَٱلْيَتَٰمَىٰ وَٱلْمَسَٰكِينِ وَٱلْجَارِ ذِى ٱلْقُرْبَىٰ

وَٱلْجَارِ ٱلْجُنُبِ وَٱلصَّاحِبِ بِٱلْجَنۢبِ ﴾ (النساء، ٣٦)، كما أن الرسول ﷺ أشار إلى

هذا الحق بصورة التعميم، وهي صورة لا تستثني أحدا من حق الجوار، مسلما أو كافرا،

غنيا أو فقيرا، فقال عليه الصلاة والسلام: " ما زال يوصيني جبريل بالجار حتى ظننت أنه

سيورثه". وفي حديث آخر "خير الجيران عند الله خيرهم لجاره، وخير الأصحاب عند

الله خيرهم لصاحبه" بل إن من أولويات دعوة النبي ﷺ الأمر بحسن الجوار؛ كما جاء

في قصة أبي سفيان مع هرقل أن هرقل قال

لأبي سفيان بما يأمركم؟، قال أبو سفيان: "ويأمرنا بصدق الحديث، وأداء الأمانة، وصلة الرحم، وحسن الجوار، والكف عن المحارم والدماء"

والواقع أن هناك مآثر كثيرة تروى في تاريخ المجتمع الإسلامي حول أهمية علاقات الجوار بين الناس مع بعضهم البعض، مما يدل بشكل قاطع على تفاعل المسلمين مع القيم الإنسانية الفاضلة والتمسك بتعاليم دينهم، ولا شك أن ذلك يمثل صورة مخالفة لما أصاب المسلمين في حياتهم المتأخرة من الابتعاد عن ذلك المنهج القويم الذي لا تنفك حاجتهم عنه في أي حال من الأحوال، ومن تلك المآثر الكريمة:

- ورد في وفيات الأعيان أن الإمام أبا حنيفة النعمان بن ثابت رحمه الله كان له جار إسكافي يعمل نهاره، فإذا رجع إلى منزله ليلا تعشى ثم شرب، فإذا دب الشراب فيه أنشد يغني، ويقول متمثلا بقول العرجي:

  أضاعوني وأي فتى أضاعوا ... ليوم كريهة وسداد ثغر

  ولا يزال يشرب ويردد هذا البيت حتى يأخذه النوم، وأبو حنيفة يسمع جلبته في كل يوم ويصبر.

وفي يوم كان أبو حنيفة يصلي بالليل كله، ففقد أبو حنيفة صوته، فسأل عنه، فقيل: أخذه العسعس منذ ليال، فصلى أبو حنيفة الفجر من غده، ثم ركب بغلته وأتى دار الأمير، فاستأذن عليه، فقال: ائذنوا له، وأقبلوا به راكبا، ولا تدعوه ينزل حتى يطأ البساط؛ ففعل به ذلك، فوسع له الأمير من مجلسه، وقال له: ما حاجتك؟ فشفع في جاره، فقال الأمير: أطلقوه وكل من أخذ في تلك الليلة إلى يومنا هذا؛ فأطلقوهم أيضا.

فذهبوا وركب أبو حنيفة بغلته، وخرج الإسكافي معه يمشي وراءه، فقال له أبو حنيفة: يا
فتى هل أضعناك؟ فقال: بل حفظت ورعيت، فجزاك الله خيرا عن حرمة الجوار. ثم
تاب، ولم يعد إلى ما كان يفعل، بسبب هذه المعاملة الكريمة ومقابلة الإساءة بالإحسان.

- ويروى أن الأمير عبد القادر الجزائري رحمه الله تعالى بطل الجزائر كان مدفونا في
دمشق، وقد اختار أن يقيم في دمشق، وكان له جار أراد أن يبيع بيته، فعرضه للبيع
فدفع له الناس مبلغا قليلا، فغضب، وقال: و الله لا أبيع جيرة الأمير بثلاثمائة ليرة
ذهبية، ولما بلغ الأمير هذا الكلام استدعاه، وقال له: هذه الثلاثمائة ليرة ذهبية خذها،
وابق جارنا!
يتضح من ذلك أن حالة الجار ومدى صلاحه يرخص من البيوت التي حوله أو يزيد
في قيمتها، وذلك بسوء معاملته، أو بطيب معاملته.

- ويروى أن أبا الجهم العدوي باع داره بمائة ألف دينار، ثم قال للمشترين: بكم
تشترون جوار سعيد بن العاص؟ فقالوا: وهل يشترى جوار قط؟ قال: ردوا علي داري،
وخذوا دراهمكم، و الله لا أدع جوار رجل: إن فقدت سأل عني، وإن رآني رحب بي،
وإن غبت حفظني، وإن شهدت قربني، وإن سألته أعطاني، وإن لم أسأله ابتدأني، وإن
نابتني جائحة فرج عني. فبلغ ذلك سعيدا فبعثه إليه بمائة ألف درهم.

- ومثلما يشترى الجار الصالح بأغلى الأثمان فإن جار السوء يباع بأرخص الأثمان، ويروى
في ذلك أن أبا الأسود الدؤلي كان من سادات التابعين وأعيانهم، وهو الذي وضع علم
النحو وكان "من أكمل

الرجال رأيا، وأسدهم عقلا، ويعد من الشعراء، والمحدثين، والبخلاء، والفرسان، والعرج، والمفاليج، والنحويين". وكان أبو الأسود الدؤلي صاحب ملح ونوادر، ومن ذلك أنه كان له جيران بالبصرة، وكانوا يخالفونه في الاعتقاد، ويؤذونه في الجوار، ويرمونه في الليل بالحجارة، ويقولون له: إنما يرجمك الله تعالى؛ فيقول لهم: كذبتم، لو رجمني الله لأصابني، وأنتم ترجمونني ولا تصيبونني؛ ثم باع الدار، فقيل له: بعت دارك؟! فقال: بل بعت جاري؛ فأرسلها مثلا.

ولله در القائل:

يلومونني أن بعت بالرخص منزلي ... ولم يعرفوا جارا هناك ينغص

فقلت لهم كفوا الملام فإنها ... بجيرانها تغلو الديار وترخص

معاملة الجار صاحب الكبيرة

وقد أوضح بعض أهل العلم الطريقة السوية التي ينبغي أن يعامل بها الجار إن كان صاحب كبيرة أو ديوثا أو كان رافضيا أو صاحب بدعة؛ ومما جاء في قولهم في هذا المعنى:

فإذا كان الجار صاحب كبيرة، فلا يخلو إما إن يكون متسترا بها ويغلق بابه عليه، فليعرض عنه ويتغافل عنه، وإن أمكن أن ينصحه في السر ويعظه فحسن، وإن كان متظاهرا بفسقه، مثل مكاس أو مرابي فتهجره هجرا جميلا، وكذا إن كان تاركا للصلاة في كثير من الأوقات فمره بالمعروف وانهه عن المنكر، مرة بعد أخرى، وإلا فاهجره في الله لعله أن يرتدع ويحصل له انتفاع بالهجرة من غير أن تقطع عنه كلامك وسلامك

وهديتك، فإن رأيته متمردا عاتيا بعيدا من الخير، فأعرض عنه واجهد أن تتحول من جواره، فإن النبي ﷺ تعوذ من جار السوء في دار الإقامة.

فإن كان الجار ديوثا، أو قليل الغيرة، أو حريمه على غير الطريق المستقيم، فتحول عنه، أو فاجهد أن لا يؤذون زوجتك، فإن في ذلك فسادا كثيرا، ولا تدخل منزله، واقطع الود بكل ممكن، فربما حصل لك هوى وطمع وغلبت عن نفسك، فإن كان جارك رافضيا أو صاحب بدعة كبيرة فإن قدرت على تعليمه وهدايته فاجهد وإن عجزت فابتعد عنه ولا تواده ولا تصافه ولا تكون له مصادقا ولا معاشرا والتحول أولى بك.

حقوق الجوار

في ضوء ما سبق يمكن بيان حقوق الجار على جاره بالنقاط الآتية:

أولا- حرمة الجار؛ دمه وماله وعرضه:

ينبغي على الجار أن يصون جاره في دمه وماله وعرضه، لأن هذه الأمور مصونة لكل إنسان، وحق الجار فيها آكد وأولى، وقد غلظ الرسول ﷺ في عقوبة من تسول له نفسه الاعتداء عليها، وفي الحديث أن الرسول ﷺ قال لأصحابه: ما تقولون في الزنا؟ قالوا حرمه الله ورسوله فهو حرام إلى يوم القيامة، قال: فقال رسول الله ﷺ لأصحابه لأن يزني الرجل بعشرة نسوة أيسر عليه من أن يزني بامرأة جاره، قال: فقال ما تقولون في السرقة؟ قالوا حرمها الله ورسوله فهي حرام، قال لأن يسرق الرجل من عشرة أبيات أيسر عليه من أن يسرق من جاره.

وفي حديث آخر أن جارا خان جاره في امرأته فأكله الكلب: فبلغ ذلك النبي ﷺ فقال: خان صاحبه، والكلب قتله، والكلب خير منه.

وواضح أن حاجة الجار إلى جاره تكون في حال غيابه ضرورية، وذلك بالحفاظ على كل ما يخصه، ومنع إيصال أي مكروه له.

ثانيا- الحقوق الاجتماعية:

وتشمل الحقوق الاجتماعية سائر العلاقات بين الجيران، وخصوصا جانب المعاملة وحسن العشرة، والبر والصلة، وكف الأذى، ومن ذلك:

- أن يتعرف عليه إذا حل في جواره. ويكرم نزله، وفي الحديث "من كان يؤمن بالله واليوم الآخر فليكرم جاره".
- أن يبدأه بالسلام إذا خرج أو دخل، وفي كل حال يصادفه فيها.
- أن يجب دعوته. وأن يتفقده إذا غاب.
- أن يعوده إذا مرض أو أحد من أهله، وإذا مات عليه أن يشيع جنازته.
- إقالة عثراته، ومغفرة زلاته، والحلم عنه إذا بدرت منه بادرة سوء، وعدم مقابلته بالمثل.

ثالثا- حق الجار أن يفرح لفرحه وأن يحزن لحزنه:

بدون شك أن الإنسان لا تستقيم حياته على ما يريد ويشتهي لنفسه، فهناك المحن والرزايا التي تعصف بحياته، وتنغص عليه معيشته، وقد راعى الإسلام في هذه الحالات أهمية مساندة الجار لجاره، وعدم تسليمه إذا نزلت به شدة، أو ألمت به كارثة، بل يقف إلى جانبه، ويساعده في ما نزل به. وفي كل أنواع المواساة يشارك الجار جاره في أفراحه وأتراحه، ويصدق قلبه فعله. ومن حقه عليه أن يفرح له عندما تحصل منحة تفرحه، ويحزن عندما تنزل به مصيبة تحزنه؛ فيفرح لفرحه، ويحزن لحزنه. ويترتب على ذلك تطهير قلبه نحو جاره فلا يحسده إذا انعم الله عليه نعمة، بل يغبطه عليها ويتمنى له عدم زوالها.

رابعا- حق الجار أن يتعهده في معيشته:

ولما كانت حياة الإنسان لا تخلو من ضيق وشدة، وفقر وعسر، فقد قرر الشارع مبدأ التكافل في المعيشة وخصوصا في ضمان القوت الذي لا تنفك عنه حاجة الإنسان، ومن هنا وردت أحاديث عديدة تؤكد على هذا المعنى، وقد أوضح الرسول ﷺ منزلة حق الجار في طعامه ومعيشته، فقال: "ليس المؤمن الذي يشبع وجاره جائع". وفي حديث آخر "ما آمن بي من بات شبعان وجاره جائع إلى جانبه وهو يعلم". وفي موطن آخر " ولا تؤذيه بريح قتار قدرك ولا تؤذيه بقتار قدرك إلا أن تغرف له منها، وإن اشتريت فاكهة فاهد له، فإن لم تفعل فأدخلها سرا ولا يخرج بها ولدك ليغيظ بها ولده". وفي هذا الجانب يمكن سد حاجة الجار المحتاج على سبيل الهدية أو الهبة ولو باليسير، فقد قال رسول الله ﷺ: "ألا لا تحقرن جارة لجارتها ولو فرسن شاة". والفرسن هو ظلف الإبل أو الشاة"، وقال النبي ﷺ لأبي ذر: "يا أبا ذر إذا طبخت مرقة فأكثر ماءها وتعهد جيرانك". ولا يخفى أن الحاجة إلى المال في حالات الضيق والشدة تكون أولى لأن المال وسيلة للتبادل من أجل الحصول على الاحتياجات الأساسية، فكان حقا على الجار نحو جاره إذا استقرضه أن يقرضه.

وكان أبو حازم رحمه الله، وهو من التابعين، ينعي على المسلمين في وقته ضياع حقوق الجار، حيث قال كما روى عنه مالك: كان أهل الجاهلية أحسن جوارا منكم، وإلا فبيننا وبينكم قول الشاعر:

قدري وقدر الجار واحدة ... وإليه قبلي ترفع القدر

ما ضر جار لي أني أجاوره ... أن لا يكون لبابه ستر

أعمى إذا ما جارتي برزت ... حتى يواري جارتي الخدر

خامسا- مجال العلاقات مع الآخرين:

- نصرته ومعونته، وصد من يشتمه أو يذكره بسوء.
- عدم التصديق لمن ينقل عنه كلمة السوء ليلقي بينهما العداوة والبغضاء.

سادسا- مجال الحقوق الخاصة:

- ستر أي سوءة تبدو منه، وعدم نشرها وإذاعتها بين الناس.
- أن لا يتجسس عليه، ولا يتتبع أية عورة أو منقصة له.
- وينصحه إذا زل، ويذكره إذا غفل، ويعلمه إذا جهل.

سابعا- مجال السكن:

- مراعاة الجار لحرمة جاره في السكن وعدم الاطلاع عليه أو حجب الضياء والهواء عنه، وفي الحديث "ولا تستطيل عليه بالبناء لتشرف عليه وتسد عليه الريح إلا بإذنه".

- تلبية احتياجاته في سكنه مما لا يضر بمصالحه، وصح عن أبي هريرة قول النبي ﷺ:«إذا استأذن أحدكم جاره أن يغرس خشبة في جداره فلا يمنعه»[1].

- ومن الحقوق المعروفة في باب الجوار حق الشفعة، وهذا الحق يمنح الجار الفرصة لشراء ما يريد جاره بيعه من عقار أرض أو مسكن باعتباره أولى من غيره، فقال النبي ﷺ «إذا أراد أحدكم أن يبيع عقارا فلا يبيعه حتى يستأذن جاره»[2]. وفي حديث آخر «من كانت له أرض فأراد أن يبيعها فليعرضها على جاره»[3].

---

(١)متفق عليه.
(٢) رواه ابن ماجه
(٣) أخرجه القزويني.

المبحث الثالث

الاستئذان

تعريف الاستئذان

يدل معنى الاستئذان في اللغة علـى طلـب الإذن، والإذن مـن أذن بالشيء إذنـا؛ بمعنى أباحه، أي أن الاستئذان هو طلب الإباحة.

أما في الاصطلاح فإنه يدل على "طلب الإذن في الـدخول لمحـل لا يملكه المستأذن".

والاستئذان يدل علـى معنـى الاستئناس، لقولـه تعالى ﴿ يَـٰٓأَيُّهَا ٱلَّذِينَ ءَامَنُوا۟ لَا تَدۡخُلُوا۟ بُيُوتًا غَيۡرَ بُيُوتِكُمۡ حَتَّىٰ تَسۡتَأۡنِسُوا۟ ﴾ (النور، ٢٧)، ومعنى تستأنسوا: أي تستأذنوا، وسمي استئناسا لأن الشخص إذا استأذن وسلم أنس به أهل البيت، ولو دخل عليهم بغير استئذان لاستوحشوا منه وشق ذلك عليهم.

أهمية الاستئذان

تتمثل أهمية الاستئذان بحرص الإسلام على كرامة الإنسان وخصوصيته في حياته. وقد كان أهل الجاهلية قبل البعثة لا يراعـون ثقافة الحرمـات في العلاقات الاجتماعيـة السائدة بينهم، وكانت عادة الاستئذان منبوذة من تلك العلاقات بحكم بـداوة المجتمع وخشونته، ولكن بعد البعثة تحول المجتمع بفضل الإسلام إلى مرتبة سامية مـن العلاقات المنضبطة بتعاليم الشرع، فصار الناس على قدر من مسؤولية المحافظة على الحرمات،

واحترام الحياة الخاصة، وعدم اقتحام البيوت أو التشوف للاطلاع عليها كما كانوا يفعلون قبل الإسلام، حيث كان أحدهم يدخل البيت، ويعلن دخوله دون مراعاة للحالة التي يكون عليها صاحب الدار وأهله.

كما أن أهمية الاستئذان تنبع من خصوصية المسكن أو البيت الذي جعله الله تعالى نعمة للإنسان في حياته، فقال تعالى "﴿ وَٱللَّهُ جَعَلَ لَكُم مِّنۢ بُيُوتِكُمْ سَكَنًا ﴾ (النحل، ٨٠)، فسمي البيت مسكنا لأنه محل للسكينة والطمأنينة والأمان؛ فالاستئذان تأكيد لهذا المعنى الذي يليق بكرامة الإنسان وحرمته، وخلاف ذلك هو انتهاك للسكينة واعتداء على الخصوصية وتضييع للأمان المنشود.

من هنا فالاستئذان أدب وحياء وعفة ونزاهة يتحلى به الشخص فيما لا ينبغي أن يطلع عليه من أحوال الناس وحرماتهم، كما أنه لا يرضى لغيره مالا يحب أن يراه عليه الناس، أو يسمع حديثا يسترقه دون إذن غيره أو يدخل على قوم عنوة مما يوقع في نفوسهم الرعب والفزع علاوة على انتهاك حرماتهم وهتك سترهم أو يغشى غرف غيره ويقتحمها دون سابق إنذار.

وبسبب الأهمية القصوى التي تترتب على الاستئذان فإن الإسلام أحاط الحرمات بسياط قوي من التشريعات والتعاليم، والتي تشمل كل الخصوصيات والحرمات، وحتى أنها لا تخلو من علاقات الإنسان مع أقرب محارمه كالأم والأخت، وفي الحديث عن ابن مسعود رضي الله عنه

قال الرسول ﷺ «عليكم أن تستأذنوا على أمهاتكم»[1]. وقد روي أنه سأل رجل رسول الله ﷺ: أستأذن على أمي؟ فقال: نعم. فقال الرجل: إني معها في البيت؟ فقال رسول الله ﷺ :«استأذن عليها، أتحب أن تراها عارية؟ فقال: لا. قال: "فاستأذن عليها»[2]. وعن عطاء قال: سألت ابن عباس فقلت « أستأذن على أختي؟ فقال نعم، قلت: أنهما في حجري؟ قال: أتحب أن تراهما عريانتين». وعن مسلم بن نذير قال: « سأل رجل حذيفة أستأذن على أمي ؟ قال: إن لم تستأذن عليها رأيت ما تكره»[3].

وهذا يعني أن الاستئذان يشمل كل داخل من قريب أو بعيد، وهم في طلب الإذن سواء، الرجل والمرأة، والأعمى والبصير. فعلى الأعمى أن يستأذن لأنه ربما أدرك بسمعه ما لا يدركه البصير ببصره.

وفي سورة النور إشارة واضحة إلى أنه ينبغي على الأقارب والأولاد والخدم والعبيد التحلي بخلق الاستئذان. قال تعالى: ﴿ يَـٰٓأَيُّهَا ٱلَّذِينَ ءَامَنُواْ لِيَسْتَـْٔذِنكُمُ ٱلَّذِينَ مَلَكَتْ أَيْمَـٰنُكُمْ وَٱلَّذِينَ لَمْ يَبْلُغُواْ ٱلْحُلُمَ مِنكُمْ ثَلَـٰثَ مَرَّٰتٍ ۚ مِّن قَبْلِ صَلَوٰةِ ٱلْفَجْرِ وَحِينَ تَضَعُونَ ثِيَابَكُم مِّنَ ٱلظَّهِيرَةِ وَمِنۢ بَعْدِ صَلَوٰةِ ٱلْعِشَآءِ ۚ ثَلَـٰثُ عَوْرَٰتٍ لَّكُمْ ۚ لَيْسَ عَلَيْكُمْ وَلَا عَلَيْهِمْ جُنَاحٌۢ بَعْدَهُنَّ ۚ طَوَّٰفُونَ عَلَيْكُم بَعْضُكُمْ عَلَىٰ بَعْضٍ ﴾(النور، ٥٨). ففي هذه الآية الكريمة أمر بأن يستأذن المماليك والأطفال غير

---

(١) رواه الطبراني وصححه الألباني

(٢) رواه مالك

(٣) رواه البخاري في الأدب المفرد.

البالغين على أهلهم في أوقات ثلاثة غالبا ما يكون الإنسان فيها عرضة للانكشاف، لأنها أوقات راحة ونوم، وهي:

■ من قبل صلاة الفجر، لأنه وقت القيام من النوم، فربما يكون الإنسان غير ساتر لنفسه.

■ وقت الظهيرة والقيلولة، فربما وضع المرء ثيابه مع أهله.

■ من بعد صلاة العشاء؛ لأنه وقت النوم ونزع الثياب الساترة.

أما في غير هذه الأوقات الثلاثة فمسموح لهم الدخول بغير إذن؛ لأن العورات في غيرها تكون مستورة، وإذا بلغ الأطفال الحلم فيجب عليهم الاستئذان في كل المواقف والأحوال دون تخصيص أوقات دون غيرها؛ قال تعالى:﴿ وَإِذَا بَلَغَ ٱلْأَطْفَٰلُ مِنكُمُ ٱلْحُلُمَ فَلْيَسْتَـْٔذِنُوا۟ كَمَا ٱسْتَـْٔذَنَ ٱلَّذِينَ مِن قَبْلِهِمْ ﴾ (النور، ٥٩).

حكم الاستئذان

فقد ورد النص القرآني فيما يتعلق بالاستئذان على جهة النهي عن دخول البيوت بغير استئناس أو سلام، وذلك حسب الآية ﴿ يَٰٓأَيُّهَا ٱلَّذِينَ ءَامَنُوا۟ لَا تَدْخُلُوا۟ بُيُوتًا غَيْرَ بُيُوتِكُمْ حَتَّىٰ تَسْتَأْنِسُوا۟ وَتُسَلِّمُوا۟ عَلَىٰٓ أَهْلِهَا ﴾ وهذا النهي يفيد الوجوب، كما ورد في آية أخرى على جهة الأمر الذي يفيد الوجوب أيضا حسب الآية "يا أيها الذين آمنوا ليستئذنكم"، والآية الأولى عامة بينما الآية الثانية مخصوصة لأنها وردت في سياق تربوي يهدف إلى الاهتمام بالفئة العمرية التي لم تبلغ الحلم مع التركيز على ضرورة

تنشئتها حسب التوجيهات الربانية، وفي كلتا الآيتين ينزل الحكم منزلة الوجوب.

وأشار المالكية إلى أن الاستئذان واجب وجوب الفرائض، فمن ترك الاستئذان فهو عاص لله ورسوله. ونتيجة لذلك ذهب أهل العلم إلى أن الرجل يلزمه أن يستأذن على المحارم مثل أمه وأخته وبنيه وبناته البالغين، وكذا عمته وخالته إن كانت تعيش معه في بيت واحد.

حكمة مشروعية الاستئذان

بدون شك أن موقف الإسلام من الاستئذان ووجوبه ينطوي على حكم جليلة تصب جميعها في مصلحة كرامة الإنسان وتأسيس صورة مشرقة لأهمية التعامل مع فقه الحرمات. فالمعروف أن دخول البيوت من غير استئذان؛ يمثل صورة لهتك لتلك الحرمات، لأنها تسمح بانكشاف العورات وإثارة الفتن الكامنة في النفوس، وبالتالي وجود فرص للغواية وارتكاب المحرمات. كما أن النظر إلى ما لا ينبغي النظر إليه من حرمات الناس من شأنه أن يهيئ الفرص لإقامة علاقات آثمة الأمر الذي يفضي إلى المزيد من الفتن وهتك أستار الناس والاعتداء على حرماتهم.

أما الاستئذان على مستوى البيوت نفسها، أي في نطاق العلاقات الأسرية وأهمها علاقات الأطفال ومن لم يبلغوا الحلم مع غيرهم، فإن الحكمة التشريعية تهدف إلى حماية هذه الفئة العمرية من الوقوع في مشكلات نفسية واجتماعية لا تحمد عقباها. وفي هذا الجانب ذهب العديد من علماء التربية وعلماء النفس إلى أن عدم الالتزام بوضع قواعد أسرية

منظمة للتعامل مع الأطفال في إطار المحافظة على الحرمات تؤدي إلى تعرض الأطفال إلى صدمات نفسية وانحرافات سلوكية واضطرابات متعددة. من هنا راعى الإسلام في تشريعاته السامية إلى المحافظة على خصوصية الحياة الأسرية من جهة، وحماية حياة الطفولة من الانفلات المبكر للغرائز وتعكير صفاء الفطرة السوية من جهة أخرى.

والوقع أن سمو التشريع الإسلامي في هذا الجانب يكشف عن حقيقة المصائب التي تواجهها تلك البيوت التي فرطت في استباحة الحرمات وتساهلت في كشف العورات ولم تلتزم بالتعاليم الربانية والهدي القرآني القويم تقليدا لبلدان الغرب ومحاكاة لأنماط حياتهم الرخيصة فكان عاقبة أطفالها الأمراض النفسية والتفكك الاجتماعي علاوة على الانحطاط في الخصوصية وكرامة الذات.

آداب الاستئذان

هناك مجموعة من الآداب الإسلامية التي ينبغي على الإنسان التحلي بها في علاقاته مع الآخرين، وهي بمجملها تؤكد على حرمات البيوت، ولزوم حفظ أهلها من حرج المفاجآت، واحترام الخصوصيات، ويمكن إجمال تلك الآداب في عشر نقاط، وهي:

١. **وقوف المستأذن:** فإنه ينبغي على المستأذن أن يكون على حالة لا يطلع فيها على داخل البيت في إقباله وإدباره، ففي الحديث عن هزيل بن شرحبيل قال: جاء رجل فوقف على باب رسول الله صلى الله عليه وسلم يستأذن مستقبل الباب، فقال له النبي ﷺ: «هكذا عنك؟ فإنما الاستئذان من

أجل النظر»[1]. وعلى أساس ذلك لا يجوز للشخص أن يقف أمام الباب، بل يكون عن يمينه أو شماله، وإن كان الباب مفتوحا يكشف من في داخل البيت فعليه أن يرده ويغض بصره لئلا يقع نظره على أمر فيه مكروه أهل البيت.

٢. **الاستئذان ثلاثا لا يزيد عليها:** وعلى المستأذن أن يستأذن ثلاثا؛ فإن أذن له دخل وإلا فليرجع، إلا إذا غلب على ظنه أن أهل البيت لم يسمعوا ، ومنهم من قال سمعه أهل البيت أم لم يسمعوه ولا يزيد على الثالثة، لقول الرسول ﷺ: «الاستئذان ثلاث، فإن أذن لك وإلا فارجع»[2]. وفي حديث آخر روى البخاري عن أبي سعيد الخدري رضي الله عنه قال: كنت في مجلس من مجالس الأنصار، إذ جاء أبو موسى كأنه مذعور، فقال: استأذنت على عمر ثلاثا فلم يؤذن لي؛ فرجعت، وقال رسول الله صلى الله عليه وسلم «إذا استأذن أحدكم ثلاثا فلم يؤذن له فليرجع». فقال: و الله لتقيمن عليه بينة، أمنكم أحد سمعه من النبي صلى الله عليه وسلم ؟ فقال أبي بن كعب: و الله لا يقوم معك إلا أصغر القوم، فكنت أصغر القوم، فقمت معه، فأخبرت عمر أن النبي صلى الله عليه وسلم قال ذلك. وقد نقل ابن عبد البر في التمهيد قول بعضهم عن الحكمة من تثليث الاستئذان: المرة الأولى من الاستئذان: استئذان، والمرة الثانية: مشورة، هل يؤذن في الدخول أم لا، والثالثة: علامة الرجوع، ولا يزيد على الثلاث.

٣. **تحية الإسلام:** الأصل في الاستئذان أن يكون باللفظ، وصيغته المثلى أن يبدأ المستأذن قبل الدخول بتحية الإسلام، فيقول: السلام عليكم أأدخل؟

---

(١) رواه أبو داود وصححه الألباني.

(٢) متفق عليه.

فقد استأذن رجل على النبي صلى الله عليه وسلم وهو في بيته فقال: ألج؟ فقال النبي صلى الله عليه وسلم لخادمه: «اخرج إلى هذا فعلمه الاستئذان فقل له: قل السلام عليكم أأدخل؟». فسمعه الرجل: فقال السلام عليكم أأدخل؟ فأذن له النبي صلى الله عليه وسلم فدخل[1]. وفي الحديث أن الرسول صلى الله عليه وسلم قال لأنس بن مالك: «يا بني! إذا دخلت على أهلك فسلم يكن بركة عليك وعلى أهل بيتك»[2].

٤. **الانصراف من غير دخول:** وبعد تحية السلام وطلب الإذن بالدخول، إن أذن صاحب الدار للمستأذن دخل وإن أمر بالرجوع انصرف، لقوله تعالى: ﭽ ﭹ ﭺ ﭻ ﭼ ﭽ ﭾ ﭿ ﮀ ﭼ (النور، ٢٨). فإن من حق صاحب البيت أن يقول بلا غضاضة للزائر والطارق: ارجع. فللناس أسرارهم وأعذارهم، وهم أدرى بظروفهم، فما كان الاستئذان في البيوت إلا من أجل خصوصية الناس.

٥. **قرع الباب:** وقد ذهب بعضهم إلى أنه من الممكن أن يقوم قرع الباب ونحوه مقام اللفظ؟ فقد ثبت في الأحاديث أن بعض أصحاب النبي صلى الله عليه وسلم قد أتى النبي صلى الله عليه وسلم فدق عليه الباب ولم ينكر عليهم النبي صلى الله عليه وسلم ، وهذا يدل على مشروعية قرع الباب. وواضح أن قاعدة العرف تدخل في ضبط هذه المسألة، وهنا ذهب بعض أهل العلم إلى جواز الاستئذان عن طريق ما تعارف عليه أكثر الناس اليوم مثل دق الأبواب وقرعها، وما يجري مجراه مثل دق الأجراس، مع ضرورة ألا يكون في صوت الجرس موسيقى، وألا يشبه جرس الكنيسة لنهي الشريعة عن مشابهة الكفار.

---

(١) رواه أحمد وأبو داود

واستحب العلماء أن يكون الدق خفيفا بغير عنف، فعن انس بن مالك ﷺ أنه قال: «إن أبواب النبي صلى الله عليه وسلم كانت تقرع بالأظافر»[١]. قال الحافظ ابن حجر في الفتح: وهذا محمول منهم على المبالغة في الأدب، وهو حسن لمن قرب محله من بابه، أما من بعد عن الباب بحيث لا يبلغه صوت القرع بالظفر، فيستحب أن يقرع بما فوق ذلك بحسبه. كما أن المستأذن يمكنه أن يستأذن بنداء أو نحنحة أو نحو ذلك. تقول زينب امرأة عبد الله بن مسعود ﷺ كان عبد الله إذا دخل تنحنح وصوت. ويقول الإمام أحمد: يستحب أن يحرك نعله في استئذانه عند دخوله حتى إلى بيته؛ لئلا يدخل بغتة. وقال مرة: إذا دخل يتنحنح، وكل ذلك ينبغي أن يكون برفق ولين من غير إزعاج ولا إيذاء ولا مبالغة في الإصرار على الدخول.

٦. **الإفصاح عن الاسم:** وإذا سأل صاحب البيت المستأذن من؟ أجاب باسمه الذي يعرفه صاحب الدار، ولا يقول: أنا، لكراهة النبي صلى الله عليه وسلم هذه الإجابة، فعن جابر بن عبد الله قال: أتيت النبي صلى الله عليه وسلم فدققت الباب، فقال: من ذا؟ فقلت: أنا. فقال: أنا أنا؛ كأنه كرهها[٢]. والسبب في الكراهة أن قوله "أنا" لا يحصل به القصد أو التعريف، ولأن هذه اللفظة لا يعرف بها صاحبها، ولا يتم ذلك ما لم يصرح بذكر اسمه أو كنيته التي يشتهر بها.

٧. **عدم الاستعجال في الدخول:** وعلى المستأذن ألا يفتح الباب بنفسه مستعجلا الدخول، كما أن عليه أن ينتظر قليلا إذا أذن له في الدخول،

.رواه البخاري في الأدب المفرد (١)

(٢) متفق عليه.

ولا يستعجل في ذلك حتى يتمكن صاحب البيت من فسح الطريق وتمام التهيؤ وأخذ الحيطة.

8. **تحريم النظر في البيوت:** إن البيت كالحرم الآمن لأهله، لا يستبيحه أحد إلا بعلم أهله، وعلى الحالة التي يحبون أن يلقاهم عليها الناس، ولا يحل لأحد أن يرم ببصره كيفما شاء، فما جعل الاستئذان إلا من أجل البصر، فعن ثوبان مولى رسول الله صلى الله عليه وسلم أن النبي صلى الله عليه وسلم قال: «لا يحل لامرئ مسلم أن ينظر إلى جوف بيت حتى يستأذن»[(1)]. وعن سهل بن سعد الساعدي ﷺ قال: اطلع رجل من حجرة في حجر النبي صلى الله عليه وسلم ومع النبي صلى الله عليه وسلم مدري يحك به رأسه، فقال: لو علمت أنك تنظر لطعنت به في عينك، إنما جعل الاستئذان من أجل البصر»[(2)].

9. **عدم التجسس أو اقتحام البيوت:** بدون شك أن خصوصية المحارم بوجه عام تحمي صاحبها من فضول الآخرين وإفراطهم، ومن باب أولى أن تحمي تلك الخصوصية ما هو أشد كالتجسس أو اقتحام البيوت، أما إذا حدث حادث في دار؛ من حريق أو سرقة أو قتل، فيجوز الدخول حينها دون استئذان فإن ذلك مستثنى بالدليل، حسب القاعدة الفقهية: "الضرورات تبيح المحظورات". ولكن في الأحوال الاعتيادية فلا يجوز انتهاك الحرمات التي صانها الشرع، وهي تدخل في عموم الاستئذان. وفي حادثة أمير المؤمنين عمر بن الخطاب مع أحد الناس فوائد جليلة في هذا الباب، فقد روى أن عمر بن الخطاب كان يمشي ليلة مع ابن مسعود ﷺفسمعا لغطا في أحد البيوت، فتسورا

(1) أخرجه البخاري في الأدب المفرد.

(2) متفق عليه.

حائطه، فإذا شيخ بين يديه شراب وقينة (مغنية) تغني، فقال عمر: ما صح لشيخ مثلك أن يكون على مثل هذه الحالة، فقام إليه الرجل فقال: يا أمير المؤمنين!! أنشدك الله، إلا ما أنصفتني حتى أتكلم، قال عمر: قل، فقال: إن كنت عصيت الله في واحدة فقد عصيت أنت في ثلاث، قال: ما هن؟ قال: تجسست، وقد نهاك الله فقال: ﴿ وَلَا تَجَسَّسُوا ﴾ (الحجرات، ١٢)، وتسورت وقد قال الله: "﴿ وَلَيْسَ الْبِرُّ بِأَن تَأْتُوا الْبُيُوتَ مِن ظُهُورِهَا وَلَٰكِنَّ الْبِرَّ مَنِ اتَّقَىٰ ۗ وَأْتُوا الْبُيُوتَ مِنْ أَبْوَابِهَا ﴾ (البقرة، ١٨٩)، ودخلت بغير إذن وقد قال تعالى: ﴿ لَا تَدْخُلُوا بُيُوتًا غَيْرَ بُيُوتِكُمْ حَتَّىٰ تَسْتَأْنِسُوا وَتُسَلِّمُوا عَلَىٰ أَهْلِهَا ﴾ فقال عمر: صدقت، فهل أنت غافر لي؟ فقال: غفر الله لك، فخرج عمر وهو يبكي ويقول: ويل لعمر إن لم يغفر الله له. وفي رواية قال عمر: هل لك في أن تتوب وأتوب، فقال نعم.

١٠. **الاستئذان عند الذهاب:** وإذا أراد الزائر الانصراف فعليه أن ينتهي بالاستئذان كما بدأ بالاستئذان، وهذا من تمام المبالغة بالتحلي بالأخلاق الفاضلة واحترام خصوصية الآخرين فعن ابن عمر رضي الله عنه قال: قال رسول الله صلى الله عليه وسلم : "إذا زار أحدكم أخاه فجلس عنده فلا يقومن حتى يستأذنه"(١). قال الألباني: في الحديث تنبيه على أدب رفيع وهو أن الزائر لا ينبغي أن يقوم إلا بعد أن يستأذن المزور.

---

(١) .رواه الديلمي في مسند الفردوس .

المراجع

أولاً- المراجع القديمة

١. الإحياء للغزالي.

٢. الأدب المفرد للبخاري.

٣. أسد الغابة في معرفة الصحابة لابن الأثير الشيباني.

٤. اقتضاء الصراط المستقيم لابن تيمية.

٥. البرهان في علوم القرآن للزركشي.

٦. تاريخ بغداد للخطيب البغدادي.

٧. تاريخ الطبري.

٨. التراتيب الإدارية، محمد بن عبد الحي الكتاني.

٩. الجامع لأحكام القرآن للقرطبي.

١٠. الرياض النضرة.

١١. سنن أبي داود.

١٢. صحيح البخاري.

١٣. صحيح مسلم.

١٤. العبودية لابن تيمية.

١٥. فتح الباري لابن حجر العسقلاني.

١٦. قواعد الأحكام في مصالح الأنام، العز بن عبد السلام.

١٧. كتاب التيسير في أحكام التسعير، أحمد بن سعد المجيلدي.

١٨. كتاب العين للخليل بن أحمد الفراهيدي.

١٩. لسان العرب لابن منظور.

٢٠. مجمع الأمثال، أحمد بن محمد الميداني.

٢١. مسند أحمد.

٢٢. مسند الشاميين.

٢٣. مسند الفردوس للديلمي.

٢٤. معجم مقاييس اللغة لابن فارس.

٢٥. مكاشفة القلوب للغزالي.

٢٦. المنقذ من الضلال للغزالي.

ثانياً- المراجع المعاصرة

١. أحمد نوفل وآخرون، في الثقافة الإسلامية.

٢. رفيق يونس المصري، أصول الاقتصاد الإسلامي.

٣. سعيد حوى، منطلقات إسلامية لحضارة عالمية جديدة.

٤. سيد قطب، في ظلال القرآن.

٥. عبد الحليم الجندي، أبو حنيفة.

٦. عبد السميع محمد أحمد، المعاجم العربية: دراسة تحليلية.

٧. عبد الكريم زيدان، المدخل لدراسة الشريعة الإسلامية.

٨. عبد الله مبروك النجار، الحق المبرر للمرأة في تولي الوظائف العامة، منبر الإسلام، السنة ٥٤، العدد ٣، ١٩٩٥م.

٩. عمر سليمان الأشقر، نحو ثقافة إسلامية أصيلة.

١٠. عمر عودة الخطيب، لمحات في الثقافة الإسلامية.

١١. المؤتمر العالمي الأول للثقافة الذي عقد في البندقية عام ١٩٧٠، والمؤتمر العالمي الثاني للسياسات الثقافية الذي عقد في المكسيك عام ١٩٨٢.

١٢. مجمع اللغة العربية، المعجم الفلسفي.

١٣. محب الدين الخطيب، منهج الثقافة الإسلامية.

١٤. محمد باقر الصدر، اقتصادنا.

١٥. محمد جمال الدين القاسمي، تفسير القاسمي المسمى محاسن التأويل.

١٦. محمد شوقي الفنجري، المدخل إلى الاقتصاد الإسلامي.

١٧. محمد عبد الله العربي، الملكية الخاصة وحدودها في الإسلام، المؤتمر الأول لمجمع البحوث الإسلامية، القاهرة، مجمع البحوث الإسلامية، ١٩٦٤، ص ١٤١.

١٨. محمد الغزالي وعبد الرحمن حسن حبنكة، الثقافة الإسلامية.

١٩. محمد الغزالي، مشكلات في طريق الحياة الإسلامية.

٢٠. يوسف القرضاوي، العبادة في الإسلام.

٢١. مصطفى السباعي، من روائع حضارتنا.